「生涯にわたって能動的に学び続ける力」を養う

教科教育へ[illegible]戦

加固希支男

東京学芸大学附属小金井小学校

東洋館出版社

はじめに——生涯にわたって能動的に学び続ける力の必要性——

今から10年前、生成ＡＩなんて出てくると予想していたでしょうか。そもそも、そんな言葉すら私は知りませんでした。それどころか、10年前はやっとＬＩＮＥを始めた頃でした。「サブスク」もあったのでしょうが、まだまだＣＤを使っていましたし、テレビのリモコンには地上波とＢＳ・ＣＳのボタンぐらいしか付いていませんでした。それが今では、三つのサブスクに契約して楽しんでおります。

もちろん、10年前から、こういった世の中になることを予想していた人たちもいたと思いますが、私は「え！　そんなことできるの？」ということの連続で、この10年間を過ごしてきました。みなさんはどうですか？

何が言いたいのかというと、**「将来なんて、簡単に予想できない」**ということです。だから、**「将来役立つから〇〇をする」という理由で物事に取り組むのはナンセンス**だということです。これって、学習のときによく使う言葉ではないでしょうか。大人は子どもに対して「将来、絶対に困るから勉強しなさい！」と言うし、子どもは大人に対して「この勉強って、将来何の役に立つの？」と聞きます。

私も教師という仕事をしているので、たまに子どもから「この勉強は将来何の役に立つんですか？」と聞かれます。そんなときは「君って、将来がどんな世界になっているのか知っていて、この勉強が役立たないってことを知っているの？」と聞き返します。そうすると、だいたい「いや……」と返答に困ってしまいます。

「将来に役立つ」とか「将来困る」とか、そんなの理由になりません。だって10年前、多くの人たちは、今の世の中を予想することができていなかったのですから。10年前どころか、私は5年前でさえ無理でした。もっと言ったら、昨日の自分もたまに無理です。朝起きて「どうしてこんなことになっているのだろうか？」と不思議に思う日がたまにあります。まあ、人間なんてそんなものだと思いますし、とにかく将来を予想することなんて、ほとんど無理なのです。

だからといって「何もしなくていい」のではありません。むしろ、**何が起きるかわからないからこそ、変化に対応し続ける力を身に付けていかなければならない**のです。コロナ禍の際、そのことを我々は痛感したはずです。

教育も同じです。例えば、「個別最適な学び」という言葉が出てきたのであれば、今までの授業の様々な授業場面を切り取って、「こんなことは今までの授業でもやっていたことだ」と都合よく解釈して何も変えないのではなく、**「子ども一人ひとりに適した学びを保障するためには、どんなことができるかな？」と考える教師にならなければなりません。**

私は40年以上生きてきました。歳を取ったからかもしれませんが、ここ数年の世の中の変化というのは劇的なものだと感じます。本当に、将来を予想することは難しくなったと思います。

多くの子どもにとっても同様ではないかと思います。自分が予想した将来に必要な力だけを身に付けたとして、予想した通りの将来が来なかったらどうするのでしょうか。たぶんですが、その予想が当たる可能性の方が低いでしょう（私が予想した通りの将来が来ているのであれば、今頃、私は総理大臣になっていたはずです（笑））。そうであれば、今を楽しみ、今学べることを一生懸命に学び続けることが大切です。その先に、自分の可能性を広げるチャンスが訪れるのではないでしょうか。そのためには、**「生涯にわたって能動的に学び続ける力」が必要**なのです。

この本は、子どもが「生涯にわたって能動的に学び続ける力」を養うために、私たち教師ができることについて考えて書きました。現場の教師が学校でやれる範囲で、どうやって「生涯にわたって能動的に学び続ける力」を子どもが養うことができるかを考え、私が実践していったことを基に書きました。

読んでいただければわかると思いますが、やはり、学校において一番大事なことは授業です。学校にいる時間の多くを、子どもは授業という時間の中で過ごすわけです。何を言おうと、授業を通して「生涯にわたって能動的に学び続ける力」を養うことが学校では不可欠です。

この本を読んで、子どもが「生涯にわたって能動的に学び続ける力」を養うために私たち教師ができることについて考えるきっかけになれば幸いです。

では、一緒に考えていきましょう！

目次

第1章 生涯にわたって能動的に学び続ける力を養うための学校の授業

第2章

生涯にわたって能動的に学び続ける力を養うための「個別最適な学び」

第3章

各教科等の教育の必要性と探究学習

第1章

生涯にわたって
能動的に学び続ける力を
養うための学校の授業

生涯にわたって能動的に学び続ける力とは

「生涯にわたって能動的に学び続ける力」という言葉を聞いたことがあるでしょうか。この言葉は、私が考えた言葉ではありません。現行の学習指導要領の総則に書かれている、「主体的・対話的で深い学び」が目指す目標として書かれている言葉です。

小学校学習指導要領解説総則編（文部科学省２０１７ａ）に書かれている、「主体的・対話的で深い学び」の実現に向けた授業改善に関する内容を左に示しましたのでご覧ください。

主体的・対話的で深い学びの実現に向けた授業改善の具体的な内容については、中央教育審議会答申において、以下の三つの視点に立った授業改善を行うことが示されている。教科等の特質を踏まえ、具体的な学習内容や児童の状況等に応じて、これらの視点の具体的な内容を手掛かりに、質の高い学びを実現し、学習内容を深く理解し、資質・能力を身に付け、生涯にわたって能動的（アクティブ）に学び続けるようにすることが求められている。

①　学ぶことに興味や関心を持ち、自己のキャリア形成の方向性と関連付けながら、見通しをもって粘り強く取り組み、自己の学習活動を振り返って次につなげる「主体的な学び」が実現できているかという視点。

②　子供同士の協働、教職員や地域の人との対話、先哲の考え方を手掛かりに考えること等を通じ、自己の考えを広げ深める「対話的な学び」が実現できているかという視点。

③　習得・活用・探究という学びの過程の中で、各教科等の特質に応じた「見方・考え方」を働かせながら、知識を相互に関連付けてより深く理解したり、情報を精査して考えを形成したり、問題を見いだして解決策を考えたり、思いや考えを基に創造したりすることに向かう「深い学び」が実現できているかという視点。

（傍線は筆者加筆）

傍線部をご覧いただければわかると思いますが、「主体的・対話的で深い学び」を行うことが目標なのではなく、**各教科等の特質を踏まえた「主体的・対話的で深い学び」を通して、資質・能力を身に付け、生涯にわたって能動的**（アクティブ）**に学び続けるようにすることが目標**なのです。

生涯にわたって能動的に学び続ける力を養うことは「個別最適な学び」と「協働的な学び」の目標でもある

実はこの目標は、今盛んに言われている「個別最適な学び」と「協働的な学び」の目標でもあります。中央教育審議会（2021）「『令和の日本型学校教育』の構築を目指して～全ての子供たちの可能性を引き出す、個別最適な学びと、協働的な学びの実現～（答申）」には、「『個別最適な学び』と『協働的な学び』を一体的に充実し、『主体的・対話的で深い学び』の実現に向けた授業改善につなげていくことが必要である。」と述べられています。ということは、**「個別最適な学び」と「協働的な学び」は、「主体的・対話的で深い学び」の実現に向けた授業改善をするための手段**だということです。

「主体的・対話的で深い学び」の目標の一つが、生涯にわたって能動的に学び続ける力を養うことなのですから、「主体的・対話的で深い学び」の実現に向けた授業改善をするための手段である「個別最適な学び」と「協働的な学び」も、生涯にわたって能動的に学び続ける力を養うことに向けて行われていくということになるのです。

授業を考えるときの大きな視点

学校での授業というのは、生涯にわたって能動的に学び続ける力を養うことを目的に行われる必要があります。これは大人になったときに、現実問題に自ら立ち向かい、試行錯誤しながら解決できる人になってもらうことから逆算して、目の前の授業でどんなことをするかを考えるということです。

「大人になったときに、現実問題を解決できる人になるために、3年生の算数の重さの学習で、こういった活動をしなければならない」と、事細かに考える必要があると言っているわけではありません。そうではなく、知識を覚えることに縛られず、もっと**子ども自身が自ら問題を解決したり、学習環境を選んだりしながら、なるべく学習を自ら進めている実感をもたせられるようにすればよい**のです。

そうすることで、「自分は、物事を解決したり、新しいことを発見することができるのだ」という実感や、「いろいろな人と関わることで、自分一人では気付けなかったことに気付けたり、できないことができたりするんだ」という感覚をもてるようにすることが大事なのではないでしょうか。

よって、いろいろな学習の活動において、子ども自身が必要感をもって様々なことを選択する環境をつくることが必要です。例えば、「まずは5分間一人で考えましょう」「次は隣の人と話しましょう」「ノートを持っていろいろなところに行って話しましょう」といったことも、いちいち先生の指示で子どもが動くのではなく、「自分で考えてもわからなかったから、隣の人に聞いてみよう」「いろいろな解き方を知りたいから、ちょっと他の人たちがどんなことをしているか歩いて見に行こう」と、**子ども自身が必要感をもって行動することが許される環境を整えていく**ということです。そして、**子どもが必要感をもった行動を促すような声かけもしていくべき**なのです。

我々大人が、自分で問題解決するときに、他の人の意見を聞いたり、ＩＣＴを使って調べたり、一人で考えをまとめたりする当たり前の行動を、子どもたちにも認めていくことが重要です。自分で必要なときに、必要な情報を、自ら得る習慣を身に付けていかなければ、生涯にわたって能動的に学び続ける力は養われません。

算数の教科書の問題って本当につまらないの？

突然ですが、算数の教科書の問題ってつまらないですか？

たまに、「教科書通りの授業だと、なかなか子どもが楽しむ算数の授業ができないんです」というお話を伺うことがあります。確かに、教科書というのは、全国のなるべく多くの子どもが学習できるようになっていますので、問題場面に実感がもちにくかったり、解決すること自体に面白味のない問題があったりするかもしれません。

これまた突然ですが、ある少年がバッティング練習をしていたとします。さて、その少年は楽しんで練習をしているでしょうか。

本当の答えは本人に聞かないとわからないのですが、例えば「もっと打球を強く打てるようにするにはどうすればよいか考えてやってみよう」と思って練習をしているのか、それとも「面倒だけれど、監督に言われたからやるしかないか」と思ってやっているのかによって、答えは変わるでしょう。言わずもがな、前者の気持ちをもって取り組んでいる方が、練習は楽しくなるでしょう。

楽しいというのは、**自分なりに発見があったり、自分の成長を実感できたりするという意味**です。これは、学習においても同じことが言えるのではないでしょうか。

算数の教科書の問題がつまらないと思っている子どもは、きっと「先生に言われたからやるか」と思ってやっているからではないでしょうか。もちろん、きっかけは先生に言われたからでもいいと思います。しかし、学習をしているうちに、だんだんと算数の教科書の問題を解決する意味を自分なりに実感できれば、算数の教科書の問題はつまらなくならないのではないでしょうか。

算数の教科書の問題を楽しむためには

「では、算数の教科書の問題を子どもが楽しむためにはどうするの？」と思われる方も多いでしょう。その答えを一言で言えば、**「問題を解く意味を理解させる」**ことだと思います。先程のバッティング練習で言えば、「何のためにやるのか？」ということを子どもが理解した上で、教科書の問題に取り組ませるということです。

これまた突然ですが、みなさん、たし算ってどんな計算でしょうか。

いろいろあると思いますが、ちょっと算数の教科書に掲載されているような問題を使って考えていきましょう。「教科書の問題を解く意味を子どもに理解させる話じゃなかったの？」と思われている方もいるかもしれませんが、もうしばらくお付き合いください。

ではまず、300＋200について考えてみましょう。これは算数の教科書では、2年生で出てくる問題です。数えて答えを出すのは大変です。ですから、頭の中で「100を1として、3＋2＝5　答えの5は100が5つということだから、答えは500だ」と考えるわけです。「そんなこと、考えたこともなかった」と思うかもしれませんが、言われてみたらそうですよね。

次に、0.3＋0.2について考えてみましょう。これは3年生で学習する内容です。小数ですから、もう数えることはできません。これも頭の中で「0.1を1とすると、3＋2＝5　答えの5は0.1が5つということだから、答えは0.5になる」と考えているはずです。「あれ？　さっきの300＋200と同じだ」と思った方も多いのではないでしょうか。

今度は、$\frac{3}{7}+\frac{2}{7}$をやってみます。分数を数えるなんてできません。これまた頭の中で「$\frac{1}{7}$を1とすると、3＋2＝5　この5は$\frac{1}{7}$が5つということだから、答えは$\frac{5}{7}$になる」と考えることができるということです。

ここまでやるといろいろと見えてくると思いますが、たし算というのは「～を1とする」と考えることで計算ができるようになります。この「1とするもの」を単位と呼びます。ちょっと難しく言えば、**「単位が同じものどうしならたせる」**のがたし算なのです。

2年生でたし算の筆算を学習しますが、「位を揃えましょう」と指導すると思います。この「位を揃える」というのも、実は単位を揃えているのです。同じ数字でも位の場所によって、表す数の大きさが違います。同じ3でも十の位に書かれている3は「10が3つ」

という意味ですし、一の位に書かれている3は「1が3つ」という意味です。位を揃えるということは、10や1という単位を揃えていることなのです。

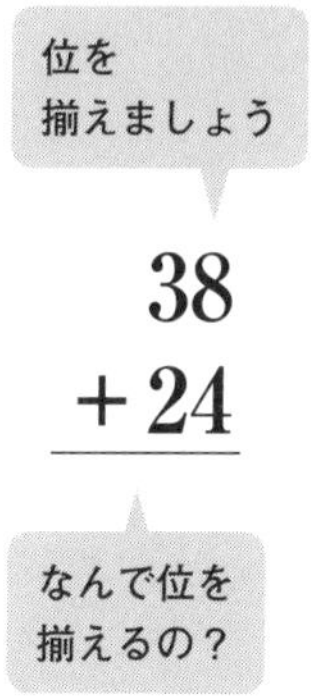
位を
揃えましょう
38
+24
なんで位を
揃えるの？

　こうやって、いろいろな学習をつなげてみると、共通点が見つかります。こうやっていろいろな学習の共通点を考えることを、**統合的に考える**といいます。統合的に考えると、「だったら、こんなこともできるのかな？」と、学習の先を自分で考えやすくなります。学習の先を考えることを、**発展的に考える**といいます。

　では、300＋200、0.3＋0.2、$\frac{3}{7}+\frac{2}{7}$のたし算の学習を統合的に考え、発展的に考えると、次はどんな問題に取り組むことができるでしょうか。教科書では、次のような問題に取り組むようになっています。

$\frac{1}{2}+\frac{1}{3}$

これは、分母が違う分数どうしのたし算です。5年生で学習します。

この問題に出会ったとき、「$\frac{1}{2}+\frac{1}{3}$のたし算の仕方を考えてみましょう」だけだと、あまりやる意味を理解することができません。でも、過去の学習を振り返り「今まで学習してきたたし算は、『～を1とする』と考えることができたけれど、これも同じようにできるかな？」と考えると、考える意味を理解しやすくなるのです。

なぜなら、**「たし算は、今まで同じように考えることができたのだから、今回も同じようにできるのかな？」**と考える必要性が生まれやすくなるからです。

数学的な見方が問題を解く意味を理解させる

なぜ、$\frac{1}{2}+\frac{1}{3}$ができないかわかるでしょうか。これは、単位が揃っていないからです。このままでは、今まで使ってきた「～を1とする」と考えることができません。そこで初めて意味のある課題が生まれるのです。

「じゃあ、どうやって単位を揃えるの？」という課題です。

$\frac{1}{2}$は$\frac{1}{2}$が1つ、$\frac{1}{3}$は$\frac{1}{3}$が1つという意味です。ですから、$\frac{1}{2}$と$\frac{1}{3}$で単位が揃っていません。そこで、通分をして、$\frac{3}{6}+\frac{2}{6}$にします。通分をすると、$\frac{1}{6}$という単位で揃えることができるので、「$\frac{1}{6}$を1とする」と考え「3＋2＝5　この答えの5は$\frac{1}{6}$が5つということだから、答えは$\frac{5}{6}$になる」と考えることができるのです。

長々と述べてしまいましたが、算数において「問題を解く意味を理解させる」というのはこういうことです。「どういうこと？」と思う方がいるかもしれませんので、もっと端的に言えば、

「今まで使ってきたことが、目の前の問題でも使えるの？」

という意識をもてるようにするということです。

ただ答えを出すだけなら、教科書に書いてある解き方を見ればおしまいです。もっと言えば、電卓やＥｘｃｅｌを使えばすぐに答えは出ます。ですから答えを出すことは、問題を解く意味にはなりにくいのです。だから、「今まで使ってきたことが、目の前の問題でも使えるの？」という意識をもてるようにすることが大事なのです。大人でも同じですが、今までできたことができなくなったときに、人は問題意識をもつものです。

ということで、問題を解く意味を理解するために大切なことは、「今まで使ってきたこと」を意識することです。算数で言えば、「今まで使ってきたこと」は数学的な見方と言われるものです。少し乱暴な言い方になりますが、数学的な見方というのは、問題を解くときの着眼点です。たし算で言えば「～を1とする」「単位を揃える」といったものです。

分母が違う分数どうしのたし算は、この「～を1とする」「単位を揃える」といった、今までたし算で働かせてきた数学的な見方が働かせられないから、子どもが「どうしよう？」と問題を解く必要感をもてるのです。

数学的な見方・考え方を働かせると能動的に学ぶことができる

このように「過去に学習したときに働かせた数学的な見方がどこまで働かせられるのか？」と意識することで、問題を解く意味を子どもが理解しやすくなります。「過去に学習したときに働かせた数学的な見方がどこまで働かせられるのか？」という意識をもてれば、問題を解決した後に、過去の学習との共通点を考えたり（統合的に考える）、先の学習を自分で考えたり（発展的に考える）することが、子どもだけでもできるようになるのです。少し不十分ではありますが、この**統合的に考えることや発展的に考えるといった思考方法のことを数学的な考え方**といいます。

文部科学省（2017b）が示している、数学的な見方・考え方の意味を左記しておきます。

【数学的な見方】

事象を数量や図形及びそれらの関係についての概念等に着目してその特徴や本質を

捉えること。

【数学的な考え方】

目的に応じて数、式、図、表、グラフ等を活用しつつ、根拠を基に筋道を立てて考え、問題解決の過程を振り返るなどして既習の知識及び技能等を関連付けながら、統合的・発展的に考えること。

このように、子どもが数学的な見方を意識し、数学的な考え方を働かせられるようになると、どんどん学習の主導権が子どもに渡っていき、能動的に算数の学習を進められる子どもが増えていきます。まさに「生涯にわたって能動的に学び続ける力」を養う一端を算数の学習で担うことができるようになるのです。

たし算について統合的に考えることができた子どもは、「だったら、ひき算でも同じように『〜を1とする』と考えればできるのかな?」「かけ算やわり算ではどうだろう?」と発展的に考えることができるようになっていくでしょう。

この数学的な見方・考え方の関係を図に表すと、次頁のようになると考えています。まずは問題解決の過程で様々な数学的な見方が子どもから出されます。

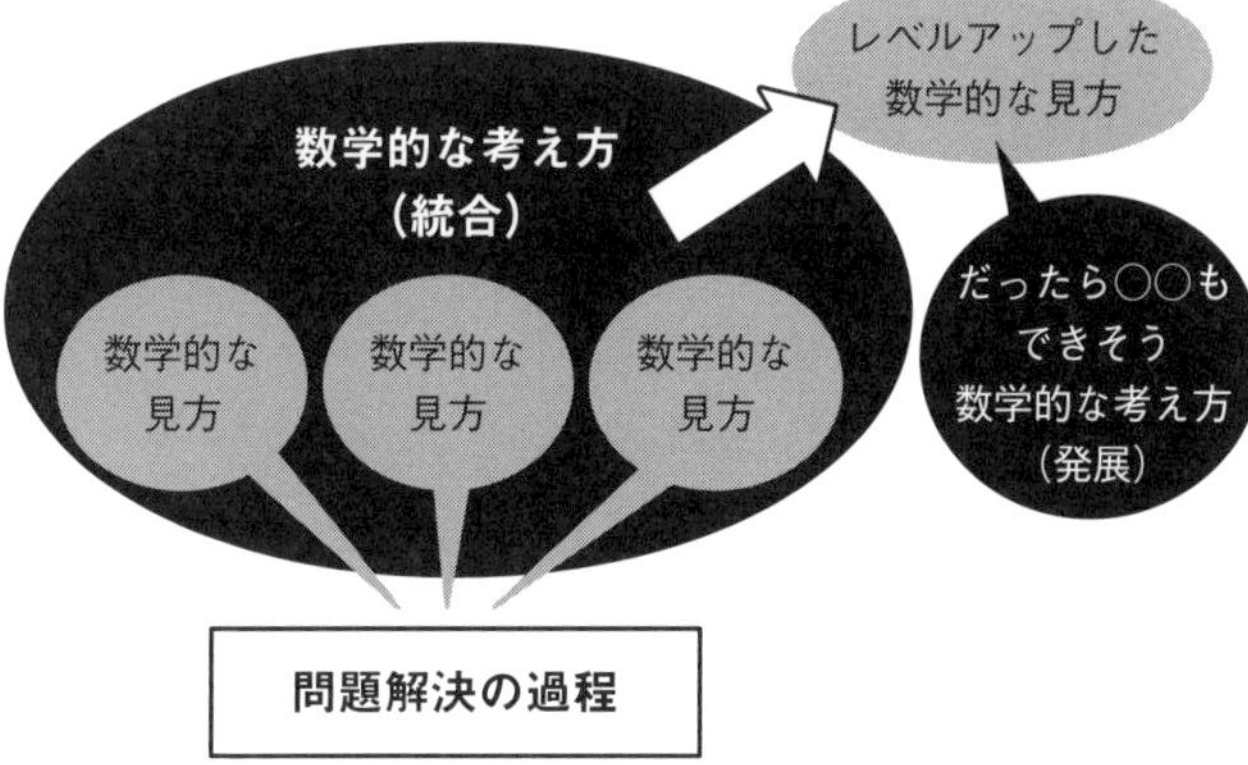

3年生の小数のたし算で扱う0.23＋0.46という問題であれば、まず、「0・01を1とする」という数学的な見方を働かせて、0.23＋0.46を23＋46＝69と考えて、答えの69は0・01が69個だから0・69という求め方があります。

もう一つ、「0.1を1とする」という数学的な見方を働かせて、0.2＋0.4を2＋4と考えて6。「0・01を1とする」という数学的な見方を働かせて、0.03＋0.06を3＋6と考えて9。6は0.1が6個、9は0・01が9個。あわせて0・69という求め方もあります。

統合的に考えるという数学的な考え方を働かせて、この二つの求め方の共通点を考え、レベルアップした「〜を1とする」という数学的な見方に統合するのです。

さらには、過去のたし算の学習で働かせた数学的な見方とも統合することで、たし算においては「～を1とする」という数学的な見方を、ずっと働かせてきたこともわかり、さらにレベルアップした数学的な見方になっていくのです。

そうなると、発展的に考えるという数学的な考え方を働かせて、**「整数や小数のたし算では、いつも『～を1とする』と考えればできたんだから、分数でも同じようにできるんじゃないかな？」**と、自ら次の学習を考えることができるのです。

このように算数においては、数学的な見方を働かせることで、目の前の学習をする意味が理解しやすくなると同時に、統合的・発展的に考えやすく（数学的な考え方を働かせやすく）なり、子どもが能動的に学びやすくなるのです。見方・考え方を働かせることで、子どもが能動的に学びやすくなることは、他の教科等でも同じではないでしょうか。

学習の主導権を子どもに握らせる

「魚を与えるのではなく、釣り方を教えよ」

この言葉は教育の世界でよく聞かれる言葉です。魚を与えれば、そのときは腹を満たせるので人は満足しますが、お腹が空けば、また魚をねだります。釣り方を教わることは、とても大変かもしれませんが、自分が必要なときに魚を釣ることができます。

まさに、子どもが学習する場面でよく見かける風景ではないでしょうか。

「先生、終わったら何をすればいいですか？」

この言葉が子どもから出ているうちは、先生は子どもに魚を与えている状態だと理解した方がいいでしょう。何か問題が解けたら、先生が準備しているプリントをしたり、教科書やドリルの問題を解いたりしているうちは、与えられた問題を解いているだけです。自発的に解いていたとしても、プリントも教科書もドリルも、すべては誰かが用意してくれた問題です。終わってしまえば、何をしてよいかわからなくなります。

だからこそ、**自分で疑問をもったり、問題を考えたりする力が必要になる**のです。それこそが、学習における釣り方です。

では、釣り方はどうすれば身に付くでしょうか。学習における釣り方とは、「学び方」です。これは、各教科等の特質に応じます。想像がつくと思いますが、算数と社会では「学び方」が異なります。

各教科等の特質に応じた「学び方」を見つけるとは、各教科等の特質に応じた見方・考え方を働かせることです。算数であれば、「数学的な見方・考え方を働かせること」です。子どもが過去の学習と目の前の学習で働かせた数学的な見方の共通点を統合的に考えることで、「だったら、〇〇もできるのではないか？」と発展的に考え、子どもが自ら疑問をもち、新たな問題を考えることができます。

ちなみに、算数における「学び方」は、次頁の図のように数学的活動という名称で定められています（文部科学省２０１７ｂ）。また、数学的活動については、次のように示されています。

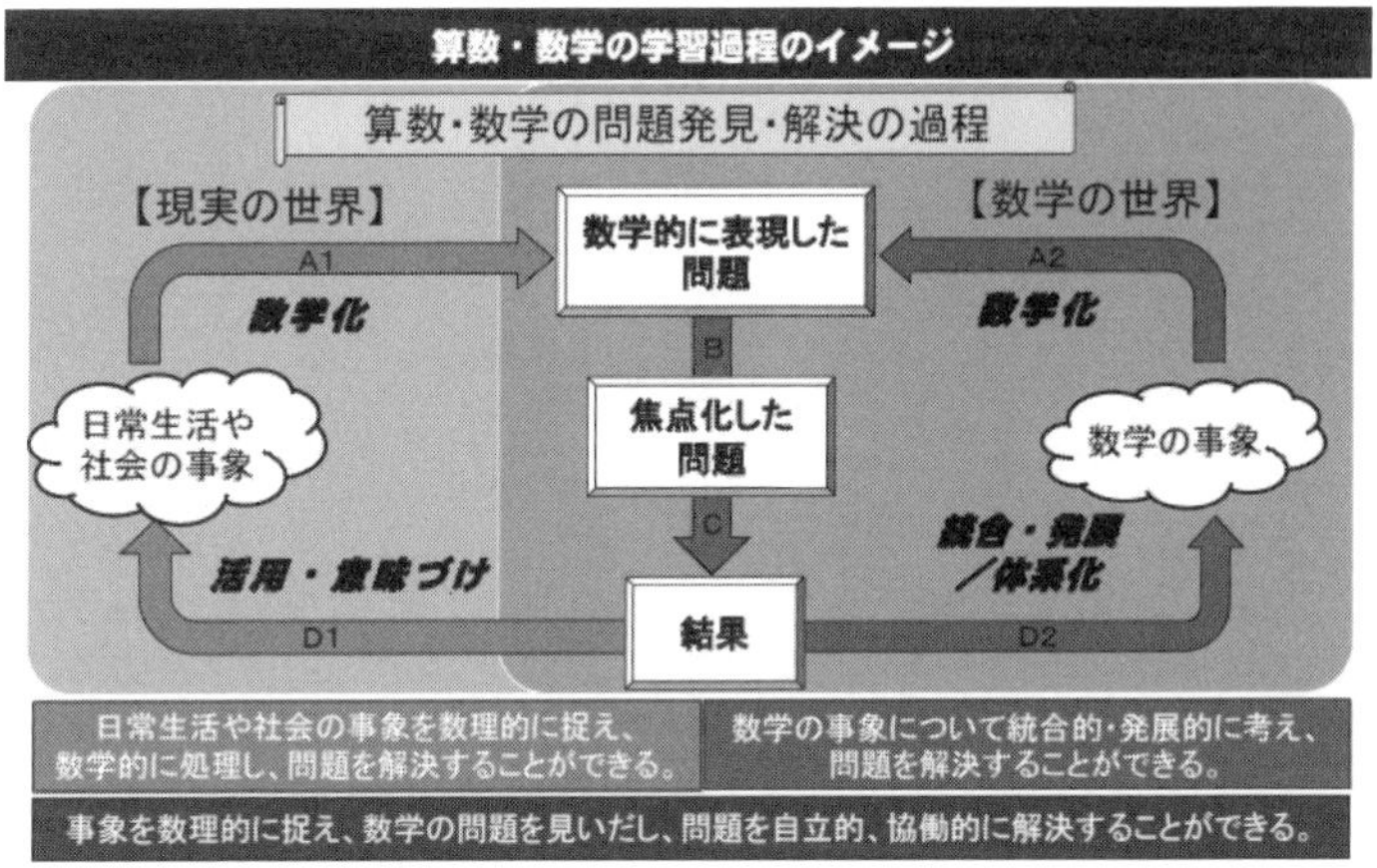

※各場面で、言語活動を充実
※これらの過程は、自立的に、時に協働的に行い、それぞれに主体的に取り組めるようにする。
※それぞれの過程を振り返り、評価・改善することができるようにする。

数学的活動とは、事象を数理的に捉えて、算数の問題を見いだし、問題を自立的、協働的に解決する過程を遂行することである。数学的活動においては、単に問題を解決することのみならず、問題解決の過程や結果を振り返って、得られた結果を捉え直したり、新たな問題を見いだしたりして、統合的・発展的に考察を進めていくことが大切である。この活動の様々な局面で、数学的な見方・考え方が働き、その過程を通して数学的に考える資質・能力の育成を図ることができる。

これまで述べてきた通りの内容ではあり

ますが、**数学的な見方・考え方を働かせることが、学習のつながりを意識させ、目の前の問題を解く意味・価値の理解につながり、ひいては自分で学習を進められる子どもを育てるのです。**

前頁の数学的活動の図を見るとわかりますが、数学的活動はA～Dの四つの局面で構成されています。学習者の自己調整過程の予見段階・遂行段階・自己内省段階の三つのサイクル段階（D･H･Schunk, B･J･Zimmerman, 2009）と、数学的活動のA～Dの四つの局面を照らし合わせてみると、予見段階がAとBの局面、遂行段階がCの局面、自己内省段階がDの局面と捉えることができるのではないでしょうか。自己調整をしながら算数を学習するという姿は、自分で数学的活動を行っている姿とも言えるでしょう。

また、文部科学省（2017b）は、数学的活動の位置づけとして、以下のようにも述べています。

数学的活動は、数学を学ぶための方法であるとともに、数学的活動をすること自体を学ぶという意味で内容でもある。また、その後の学習や日常生活などにおいて、数学的活動を生かすことができるようにすることを目指しているという意味で、数学的

活動は数学を学ぶ目標でもある。（傍線は筆者加筆）

数学的活動は、**算数の「学び方」という意味で方法であり、算数の「学び方」の中身を示した内容であり、算数を学ぶことを通して身に付けたい「学び方」という意味で目標**なのです。ここからも、算数の学習というのは、学習内容を学ぶことだけが目標なのではなく、数学的活動という「学び方」を学ぶことも目標だということがわかります。算数という教科の特質に応じた「学び方」を学ぶことを通して、自ら学び続ける力を養うことが重要だということです。

算数においては、数学的活動という「学び方」のアイコンが示されていますが、他の教科でも各教科等の特質に応じた「学び方」があるはずです。そして、その「学び方」を子どもが学ぶことで、自ら学び続ける力が養われていくのです。その際、キーとなるのは各教科等の特質に応じた見方・考え方を働かせることです。

見方・考え方を働かせることを通して、各教科等の特質に応じた「学び方」を学んだ子どもは、各教科等において、学びの主導権を握ることができるのです。

数学的な見方・考え方を意識するために数学的活動のBとDの局面を大切にする

数学的活動はA〜Dの四つの局面で構成されていますが、子どもが数学的な見方・考え方を意識するために大切なのが、BとDの局面だと考えています。Bの局面とは問題を焦点化する局面で、Dの局面とは学習を統合・発展／体系化する局面です。平易な言葉で言えば、Bの局面とは、「何のためにこの問題を解くのか?」ということを子どもが理解する局面であり、「前に使えたことが、今回も使えるかな?」「前に使えたことが使えないから、どうすればいいかな?」と考える局面です。

Dの局面とは、「解決した問題と前の学習で使ったことの同じところと違うところは何かな?」「いつでも使える大切なことは何かな?」「じゃあ、どんなことができるかな?」と考え、学習を体系化する局面です。

なぜ、BとDの局面が大切かというと、**問題の焦点化と学習の統合・発展／体系化を意識することで、子どもが学習のつながりを意識することができるようになる**からです。

B：問題の焦点化
「前に使えたことが、今回も使えるかな？」
「前に使えたことが使えないから、どうすればいいかな？」

D：学習の統合・発展／体系化
「前の学習と同じところと違うところは何かな？」
「いつでも使える大切なことは何かな？」（統合）
「じゃあ、どんなことができるかな？」（発展）

上の図のように、BとDの局面は、にわとりと卵の関係になっています。どちらが先かが重要ではなく、BとDの局面を連続的に行っていくことによって、算数の学習の主導権を子どもがもてるようにすることが重要なのです。

そして、BとDの局面を繰り返していくうちに、学習のつながりが理解できるようになり、雪だるま式に学習内容が豊かに、大きくなっていくのです。

子どもの学習観を「問題は先生が与えてくれるもの」「自分は問題を解くだけでいい」というものから、「学習は自ら進め、自分で新しい発見をするもの」というものに変換させます。その学習観をもたせることが、算数において自ら学習を創る人を育て、「生涯にわたって能動的に学び続ける力」を養うことにつながるのです。

「学び方」を学ぶ機会としての一斉授業を大切にしよう

ここまで「見方・考え方を働かせることが大事！　それが自ら学習を進める力になる！」「その積み重ねが、生涯にわたって能動的に学び続ける力を養う！」みたいなことを熱く語ってきたので、「子ども一人ひとりが各自で学習することが最高」みたいなニュアンスで伝わっているのではないかと思うのですが、そんなことはありません。

もちろん、自分で「学び方」を身に付け、誰かにやることを指示されず、自ら疑問をもって学習できるようにしたいですし、できる範囲で、そういった学習をする時間を取りたいと考えています。でも、そんなことはいきなりできません。

私は、算数において個別学習をたくさん行っていますが、**学年のはじめから「さあ、今日から自分たちで算数を進めてごらん」なんていい加減なことはしません。**そもそも、そんなことを言われたって、子どもは何をしていいかわからないでしょう。きっと、「じゃあ、とりあえず教科書を読んで解き方を覚えてドリル進めるか」程度のことしかできません。

それって、見方・考え方は働かせていますか？ 自分で疑問をもてていますか？「自分で学習を進める」という形にだけこだわっていたら、知識偏重の教育になってしまいます。一番やってはいけません。

「学び方」を身に付けないと、自分で学習を進めることなんてできません。「学び方」を身に付ける場はどこでしょうか。それは**一斉授業**です。

個別学習、自由進度学習、いろいろな学習形態があるでしょう。でも、その学習形態に取り組ませることが大事ではないのです。各教科等の特質に応じた見方・考え方を働かせて、各教科等の本質に迫り、自ら新しい知識を創り出すような学習をしなければ、どんな学習形態を取ったところで学習の価値は薄まってしまいます。少なくとも、各教科等の学習をするのであれば、見方・考え方を働かせるような学習になっているかどうかが最優先事項です。学習形態やＩＣＴの話は、見方・考え方を働かせやすくするためのものです。

算数科は単元の導入において新しい概念を獲得することが多いです。「かけ算とは何か？」「合同な図形とは何か？」といった、それまで学習したことがない新しい概念を獲得する段階から、「数学的な見方・考え方を働かせること」「数学的活動を重視すること」を子どもだけに任せることは難しいでしょう。

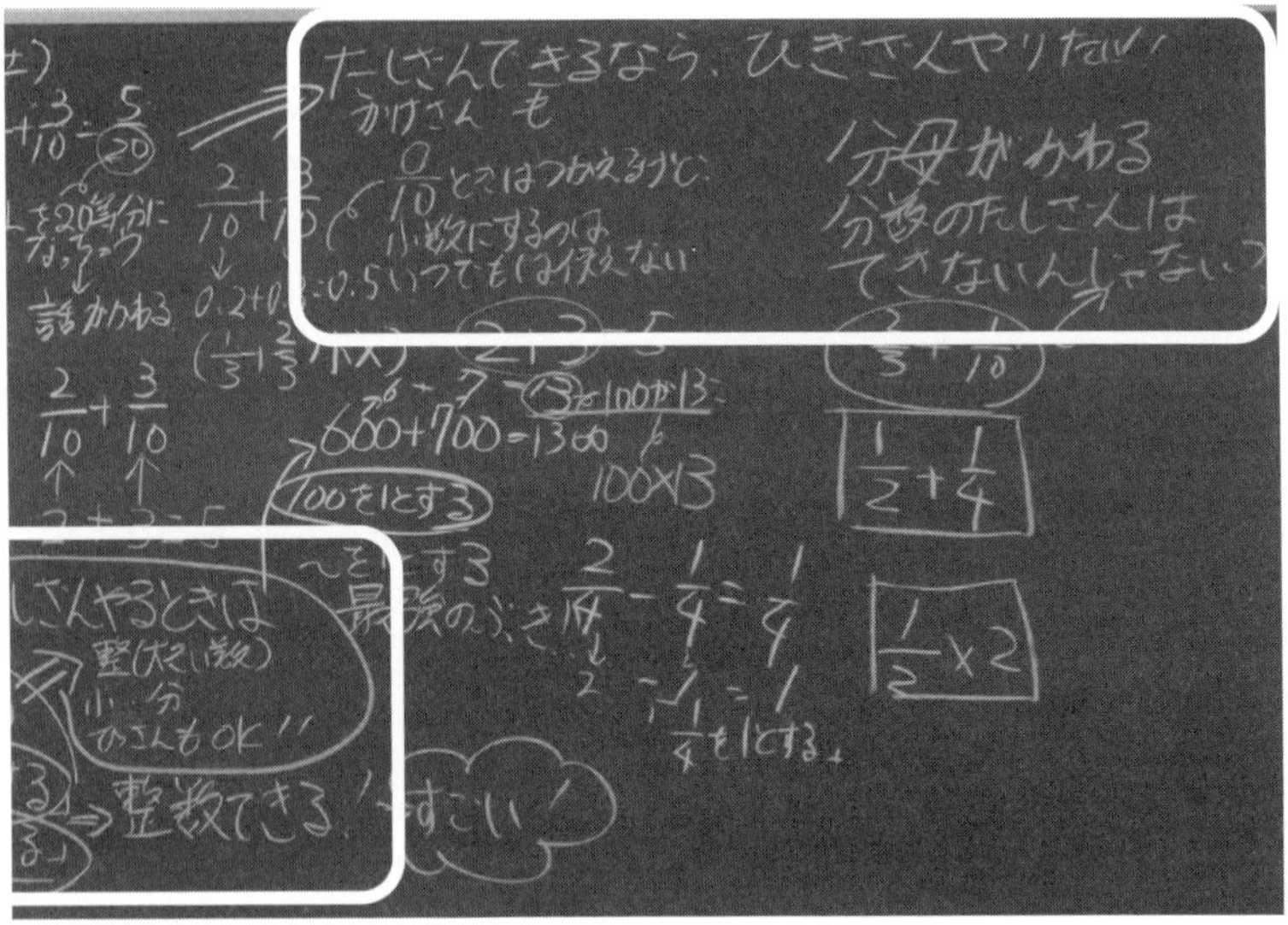

　そこで、単元の導入では、一斉授業を行い、新しい概念を全員で獲得するとともに、その単元の学習で働かせるべき数学的な見方を顕在化し、共有することを行うと、単元の中盤からは、子どもに学習を委ねやすくなります。

　上の写真は、3年生の分数のたし算・ひき算の学習の導入で行った一斉授業の際の板書です。注目すべきは左、真ん中、右の四角枠の中の言葉です。左枠には「小数と整数でたし算はできたが、分数でもできるのか?」ということが書かれていますが、これは数学的活動のBの局面です。ただ分数のたし算をやるのではなく、既習とのつながりを意識して学習

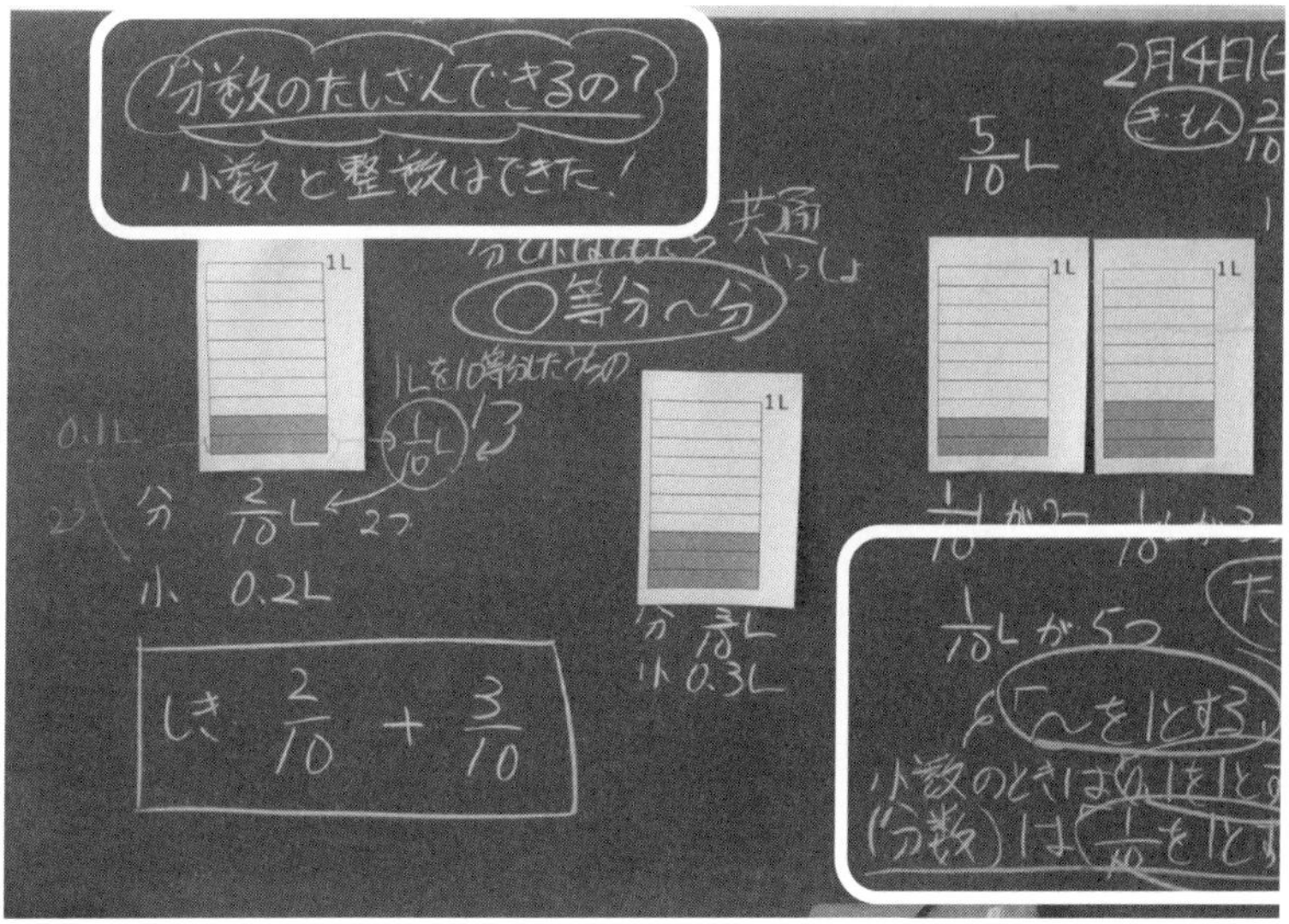

に取り組むことを意識させているのです。

真ん中の枠には、本時の分数のたし算の仕方を考えた際に働かせた「～を1とする」という数学的な見方が書かれているとともに、「～を1とする」という数学的な見方が、整数と小数のたし算で働かせた数学的な見方と共通していることが書かれています。

そして、右の枠は、「『～を1とする』という数学的な見方を使えば、分数のひき算やかけ算もできるのではないか」という、解決した問題を発展させている内容が書かれています。真ん中と右の枠は、数学的な考え方を働かせて、統合的・発展的に考えており、数学的活動のDの局面と言えます。

このように単元の導入では、学習する単元の学習で働かせる数学的な見方（分数のたし算・ひき算であれば「〜を1とする」という数学的な見方）を顕在化して共有するとともに、どんな既習事項との関連を考え、解決した問題を発展させていけばよいかという、学習のつながりを意識させます。その上で、個別学習に取り組ませると、数学的な見方・考え方を働かせ、数学的活動を重視した自己調整学習が行いやすくなるのです。少しずつですけれどね。

下の写真は、先掲した、3年生の分数のたし算・ひき算の導入における一斉授業の後、第2時に個別学習を行った際の子どものノー

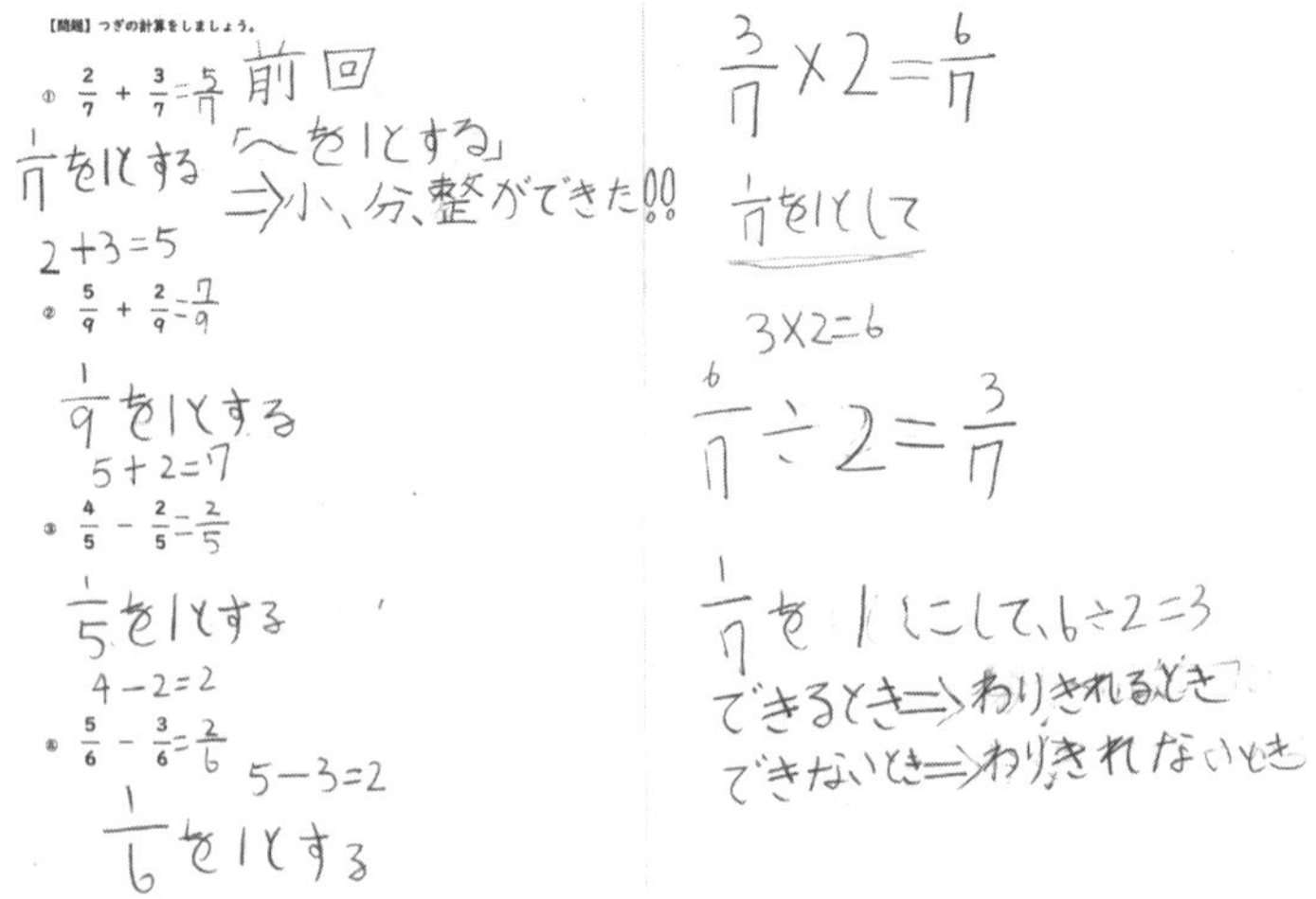

トです。前時で共有した「～を1とする」という数学的な見方を働かせて、他の数値のたし算とともに、前時で解決した問題を発展させた際に出てきた、分数のひき算の問題を教師から提示しました。分数のひき算でも「～を1とする」という数学的な見方が表記されていることがわかります。

分数のたし算とひき算を解決した後は、このノートを書いた子どもだけでなく、多くの子どもが分数×整数と分数÷整数でも「～を1とする」という数学的な見方を働かせることができるのかを考えていました。

分数×整数や分数÷整数は6年生の学習内容ですが、**数学的な見方・考え方を働かせることや、数学的活動のBとDの局面を意識することを続けていくことで、統合的・発展的に考え、自ら学習を進めていくことができるようになっていった**のです。なかには、異分母分数のたし算に取り組んだ子どももおり、「『～を1とする』という数学的な見方をどうやったら働かせることができるのか？」という視点をもちながら、図を使い、1とする分数（単位分数）を見つける姿も見られました。

単元の前に前学年までに働かせた数学的な見方を復習する

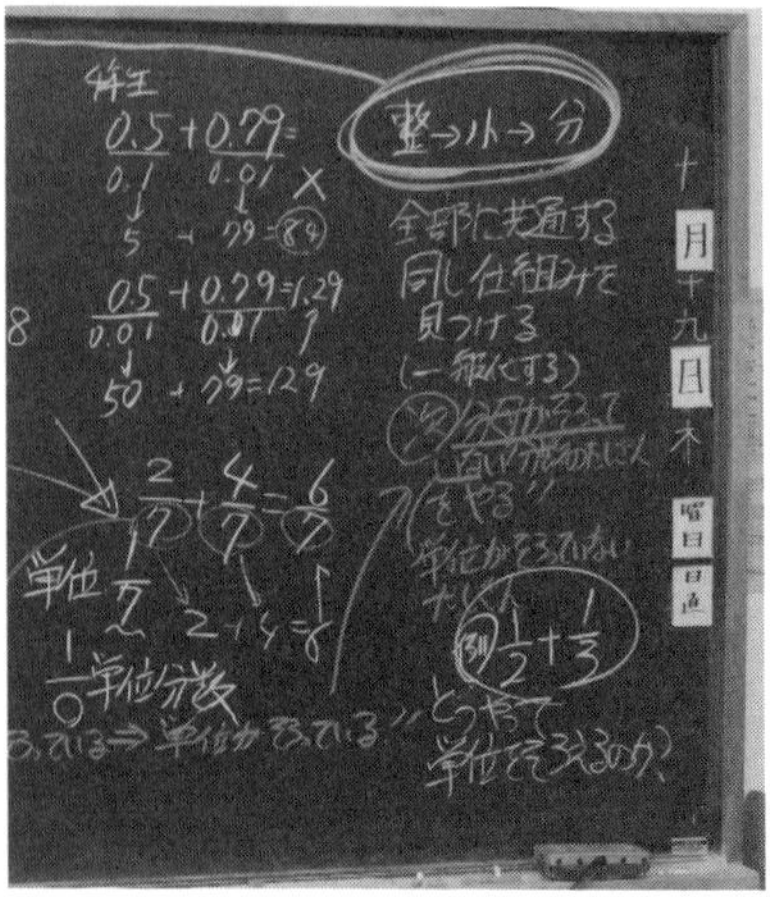

高学年になると、なるべく前学年までに働かせてきた数学的な見方を意識しながら、「今回の学習も、前の学年まででやってきたことと同じようにできるのかな？」と考えながら学習をしてもらいたいものです。

しかし、前の学年までに働かせてきた数学的な見方を意識できる子どもはあまりいません。正直、それはなかなか期待しづらいです。しかし、前学年までに働かせてきた数学的な見方を意識しなければ、結局は「答えの出し方がわかればいい」という学習になってしまいます。

そこで、私は単元に入る前に、**前学年までの学習を振り返り、どんな数学的な見方を働かせ**

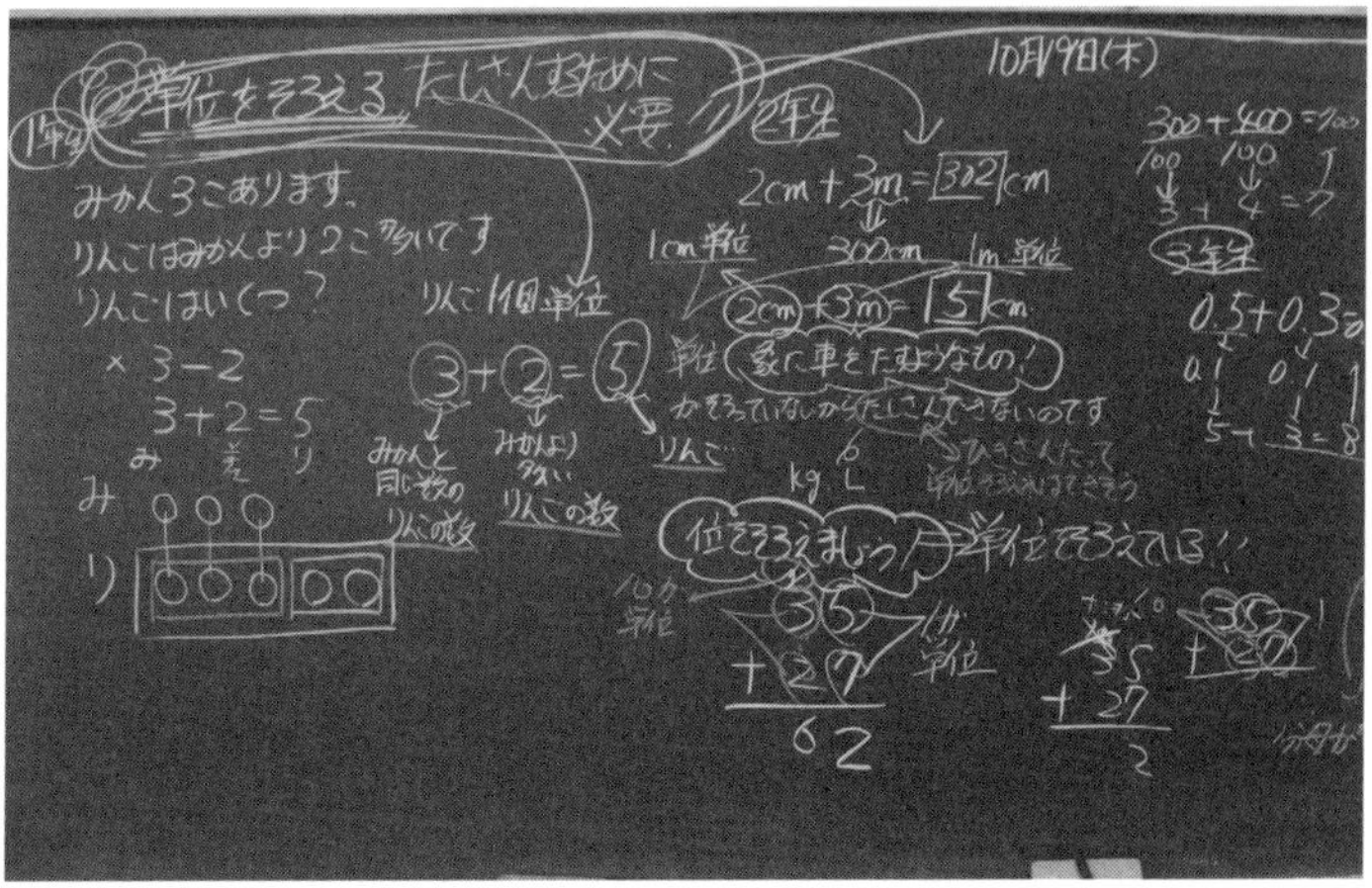

てきたのかを振り返る時間を1時間取ることがよくあります。特に、高学年を担任したときは、多くの単元において行います。

上の写真は、第5学年の異分母分数のたし算・ひき算の単元に入る前に1~4年生で学習したたし算において働かせてきた数学的な見方を振り返った授業の板書です。たし算において働かせる数学的な見方の詳細は先述したので割愛しますが、「単位を揃える」という数学的な見方を働かせることによって、1~4年生でもたし算を考えることができたことを共有し、「次の時間に$\frac{1}{2}+\frac{1}{3}$をやるんだけれど、何が問題か?」ということを問いかけました。そして、「単位が揃っていないことが問題である」ということを共有した上で、「だったら、どうやって単位を揃えればいいのか?」という問題を焦点化させて授業を終わらせました。

この1時間を取ることは、単元計画上では1時間増えることになりますが、数学的な見方を意識できなければ、既習の学習とのつながりも意識できず、知識を詰め込んで終わってしまいます。そうではなく、「分母が違うたし算も、結局は今までのたし算と同じなんだ」と理解することで、**覚える学習ではなく、理解する学習にすることができる**のです。

そうすると、「だったら、ひき算だって同じようにできるんじゃないか」「分数と小数が交ざったたし算でも同じようにできるのかな?」と考えやすくなり、その後の学習でも、それまでの学習とのつながりを意識しながら考えられるようになります。その結果、単元の中盤~後半にかけては、学習速度が速まり、時数という意味でも心配は必要なくなります。

杉山(2008)は、教師のレベルを次の三つのレベルに分けて示しています。

レベル1　数学的な知識、手続きを知らせるだけの先生
レベル2　「覚える」ことに加えて「分かる」ことを目指す先生
レベル3　子どもが自分で見つけたり、作ったり、子どもが発見、創造する。子ども

にそれを期待できる先生

レベル1と2は教師主導型の授業で、レベル3は児童中心の授業であり、レベル3の教師の役割は補助役だと述べています。ただし、次の言葉も添えています。

> 普通に授業をしているだけでは、子どもが算数を作ったり見つけたりすることはできません。そういうことができるためには、そういうことができる子どもを育てなければなりません。そういうことができる子どもを育てることができる先生、それが算数の専門家です。そうした子どもを育てて初めて、児童中心の教育ができるのです。

算数を作ったり見つけたりすることができる子どもを育てるためには、数学的な見方を顕在化したり、統合的・発展的に考えたりする、**算数としての「学び力」を教師が理解し、様々な学習を通して時間をかけて子どもに身に付けさせていく**ことが重要なのです。その積み重ねによって、子どもを自立した学習者に育て、価値ある個別学習や自由進度学習を可能にさせるのです。

教師の最大の役割は見方・考え方のつながりを意識した系統性のある教材研究

「個別最適な学び」と「協働的な学び」を一体的に充実していくということは、子どもが多様な学習をするということです。その際、一人ひとりの子どもが別々の内容の学習をしていたり、進度が異なったりすることも多々あります。

一斉授業であれば、みんなが同じことをしているので、系統性を意識せず教科書通りに流していても、あまり問題はないかもしれません。しかし、個別学習や自由進度学習等を取り入れるということは、目の前の問題だけでなく、そこから子どもが発展させた問題についても教師は理解しておく必要があります。**子どもが発展させた問題についても、価値付ける役割が教師にはある**ということです。

先掲した分数のたし算の個別学習の例で言えば、3年生で分数×整数や分数÷整数、異分母分数のたし算をやる子どもに対して、「面白いことやっているねぇ」と、どんどん自分で学習を進めていることを価値付けていけば、きっと子どもは「もっと先を見てみたい！」と、さらに問題を発展させることでしょう。「これは5年生や6年生でやることだから、今はやらなくていいよ」なんて止めず、**見方・考え方を働かせ、学習のつながりを意識しながら学習を進めているのであれば、どんどん背中を押してあげればいい**のです。そして、子どもと一緒に面白がればいいのです。

できなくたっていいのです。そして、先行的に学習することまで、みんながやらなくたっていいのです。その子が、自分でやりたいと思ったことを尊重するのも、生涯にわたって能動的に学び続ける力を養う上では大切なことです。

ときには「それは、ただ問題を解いているだけだよ」「もっと、どうしてそうなるかを考えるといいよ」「今までの学習で使っていた考え方は使えたかな？」と、学習のつながりを意識した声かけも必要になります。

そう考えると、**「一人ひとりの子どもの学習を見取り、価値付けるには、やっぱり教材研究が大事」**という結論に至ります。「個別最適な学び」を考えれば考えるほど、見方・考え方のつながりを意識した系統性のある教材研究が教師の仕事として重要なことに気付きます。

見方・考え方は「深い学び」をする上でも不可欠

ここまで読んで、「各教科等の特質に応じた見方・考え方が大事なのはわかったけれど、それがどうしたの?」と思われている方もいるのではないでしょうか。でも実は、見方・考え方を働かせることは、「深い学び」と直結しています。むしろ、**「見方・考え方を働かせること＝深い学び」**とも言えます。

今一度、学習指導要領解説総則編（文部科学省2017a）の、「主体的・対話的で深い学び」の説明の内容を見てみましょう。

① 学ぶことに興味や関心を持ち、自己のキャリア形成の方向性と関連付けながら、見通しをもって粘り強く取り組み、自己の学習活動を振り返って次につなげる「主体的な学び」が実現できているかという視点。

② 子供同士の協働、教職員や地域の人との対話、先哲の考え方を手掛かりに考える

こと等を通じ、自己の考えを広げ深める「対話的な学び」が実現できているかという視点。

③　習得・活用・探究という学びの過程の中で、各教科等の特質に応じた「見方・考え方」を働かせながら、知識を相互に関連付けてより深く理解したり、情報を精査して考えを形成したり、問題を見いだして解決策を考えたり、思いや考えを基に創造したりすることに向かう「深い学び」が実現できているかという視点。

（傍線は筆者加筆）

傍線部分を読むとわかりますが、「深い学び」をするためには、各教科等の特質に応じた見方・考え方を働かせることが重要なのです。なぜ重要かというと、見方・考え方を働かせると、**学習のつながりを理解することができるだけでなく、次の問題を自ら発見することができ、学習を子ども自身で進められるようになる**からです。

「主体的」（①）と「対話的」（②）の内容をご覧ください。教科という言葉が出てきません。これは想像できると思いますが、「主体的」「対話的」な学びは、各教科等の特質に応じるというよりも、どの教科でも、どの活動でも重要な「学び方」ですから、各教科等の特質に紐付いているわけではないということです。

「個別最適な学び」と「協働的な学び」も、「主体的・対話的で深い学び」の実現に向けた授業改善をするための手段であるので、「個別最適な学び」と「協働的な学び」においても、子どもが「深い学び」をしているかどうかを見取る視点として重要となるのは、「各教科等の特質に応じた見方・考え方を働かせているのか?」という視点だということです。

どのような学習形態においても、子ども自身が、見方・考え方を働かせながら学習ができているかということが重要なのです。

いろいろな言葉を図でまとめてみよう

いつの時代も教育業界にはトレンドの言葉があり、その言葉に我々は踊らされている感があります。「この言葉の意味は何?」「今までと何が違うの?」「で、何をすればいいの?」という解釈がいろいろと行われ、最終的に形だけ残り、「これって、一体何のためにやっているんだっけ?」となります。

本書においても、今の教育のトレンドの言葉を並べて、云々かんぬんと述べてきました。まあ、言いたいことは言ってきたのですが、やっぱりわかりづらいですよね。ということで、ちょっと、これまで使ってきた言葉、トレンドとなっている言葉を整理して、それぞれの言葉の関係をまとめたいと思います。

まず、今の教育業界のトレンドとなっている言葉を挙げてみましょう。

「『個別最適な学び』と『協働的な学び』」

「主体的・対話的で深い学び」
「各教科等の特質に応じた見方・考え方」
「資質・能力」
「生涯にわたって能動的に学び続ける力」
「GIGAスクール構想」

他にも「インクルーシブ教育」等、いろいろと重要な言葉はあるかと思いますが、この六つの言葉が、今の教育を考えるときに核となるでしょう。この六つの言葉の関係を私なりにまとめてみました（次頁参照）。かなり乱暴なまとめではありますが、まずはシンプルに構造の概要を理解するためのものだということでお許しください。

まず、旧来の知識伝達型の授業から、「主体的・対話的で深い学び」への授業改善をするために、「個別最適な学び」と「協働的な学び」を手段として使います。「個別最適な学び」と「協働的な学び」を加速するために、GIGAスクール構想で配備されたICTが活躍します。一人ひとりの学習進度や興味・関心に応じた教材を提供したり、個々の学習進度に応じた学習内容の共有をしたりするには、ICTは有効です。

「主体的・対話的で深い学び」を達成するためには、各教科等の特質に応じた見方・考え方を働かせ、その結果、資質・能力を育てます。資質・能力は、各教科等で、知識・技能、思考力・判断力・表現力等、学びに向かう力・人間性等、という三つの観点で定められて

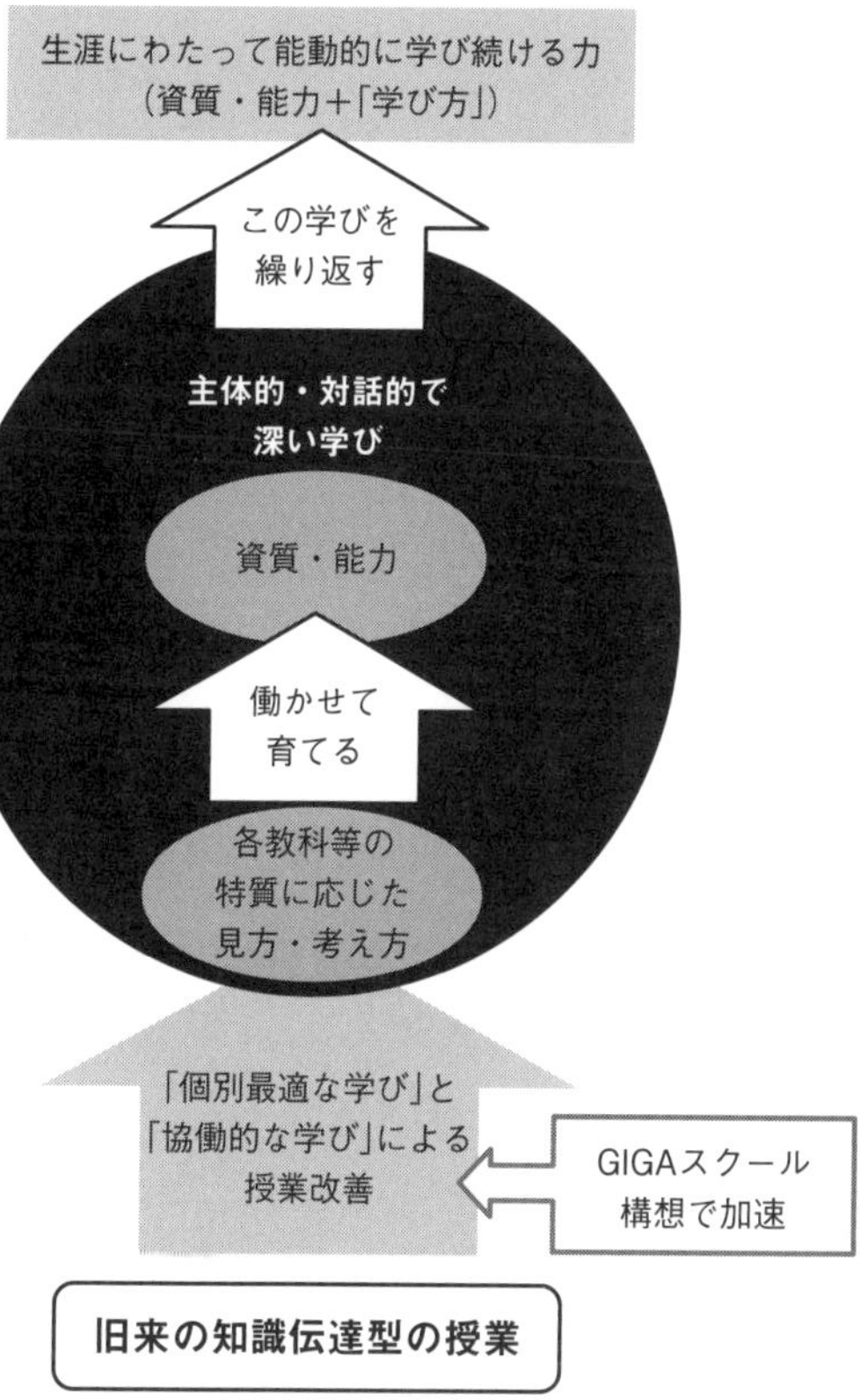

います。そして、各教科等で資質・能力を育てる学びを繰り返すことで、生涯にわたって能動的に学び続ける力を養っていくということです。私は、「資質・能力＝生涯にわたって学び続ける力」ではないのだと考えています。育てた資質・能力（例えば算数なら、「どうしてそうなるのか？」と考える論理的思考力）を使うとともに、主体的・対話的で深い学びを続けることで身に付けた「学び方」（例えば算数なら、前の学習で学んだことを使って、新しいことを発見する「学び方」）を使うことで、生涯にわたって学び続ける力が身に付くのだと思います。**「資質・能力＋『学び方』＝生涯にわたって能動的に学び続ける力」**になると考えています。平たく言えば、資質・能力とは、問題解決のための道具で、「学び方」とは、資質・能力という道具の使い方と捉えるとわかりやすいのではないでしょうか。

国語と算数では、育てる資質・能力も「学び方」も違うのは誰でもわかります。様々な教科等を通じて、各教科等の特質に応じた資質・能力と「学び方」を学ぶことで、自分の中の問題解決の引き出しを増やしていくのです。そして、将来、**現実問題と向き合ったときに、様々な問題解決の引き出しを開けて、直面した問題を解決するために最適な道具と使い方を選べるようにしていく**のです。そして、失敗も次のチャレンジの糧にしながら、自分なりに問題解決を続けられるようにしていくのです。

教師は見方・考え方のつながりを意識した系統性のある教材研究をして見方・考え方を言語化する

子どもが、生涯にわたって能動的に学び続ける力を身に付けるために、資質・能力を養い、各教科等の特質に応じた「学び方」を学ぶためには、我々教師は何をすべきなのでしょうか。それは、一言で言えば、教材研究に尽きます。

「国語科の特質に応じた見方・考え方って何？」と聞かれれば、学習指導要領解説国語編（文部科学省２０１７ｃ）を読めば次のように書いてあります。

> 言葉による見方・考え方を働かせるとは、児童が学習の中で、対象と言葉、言葉と言葉との関係を、言葉の意味、働き、使い方等に着目して捉えたり問い直したりして、言葉への自覚を高めることであると考えられる。

この文章は、国語科の特質に応じた見方・考え方について説明している文章ではありますが、教科全体を網羅した説明になっています。大事なことは、目の前の学習、単元における見方・考え方であり、さらに大事なことは、**目の前の学習や単元の系統性を意識した見方・考え方を理解している**ことです。

系統性を意識した見方・考え方を理解するとは、先述したたし算であれば、「～を1とする」という数学的な見方を理解することです。学年を問わず、たし算という学習に共通する数学的な見方であり、その数学的な見方を理解することで、過去の学習との共通点が見つかるとともに、解決した問題を自ら発展させ、学習を進めることができるようになるということです。ですから、「国語科の見方・考え方って○○だよね」「算数科の見方・考え方って○○ってことだよね」と大枠の見方・考え方を知っている上で、目の前の学習や単元で働かせる見方・考え方を言語化できるようにしておくことが教師には必要なのです。そうしなければ、子どもからどんな言葉を引き出し、どんな思考を価値付けていくのかということが、理解できなくなってしまいます。

では、目の前の学習や単元で働かせるべき見方・考え方を、系統性を踏まえて理解するためにはどうすればよいでしょうか。それは一言、**「教材研究」しかない**のです。

大事なのは、目の前の学習や単元レベルではなく、見方・考え方のつながりを意識した系統性のある教材研究をすることです。「たし算（ひき算）で、ずっと働かせる大切な数学的な見方って何かな？」のように考えるのです。そのためには、1～6年生までの縦のつながりを意識した教材研究をしなければなりません。

時間はかかるでしょう。1年や2年ではできないでしょうし、一生かけてやるべきことかもしれません。だからといって「そんなの無理……」と逃げるのではなく、第一歩を踏み出すことが大事です。明日からすぐにできる学習形態や掲示物の工夫、発問のテクニックだけでは、なかなか子どもの思考を見取ったり、つなげたりすることは難しいです。

でも、同時に覚えておいてほしいのは、「完璧な教材研究をしなければ授業ができないわけではない」ということです。完璧な教材研究ができている人など、たぶん一人もいないと思います。教材研究というのは、**何年もかけて、少しずつ学び、自分の経験も含めて行っていく**ものです。

ですから、「今できる範囲の教材研究をして授業に臨む」という姿勢を大切にしましょう。実際に授業をして、失敗することも、自分の力不足を痛感することもあると思います。それが普通です。みんな味わっています。でも、そこで歩みを止めず、見方・考え方のつながりを意識した系統性のある教材研究から逃げずに続けることです。

そうすることで、子どもも「目の前の学習ができればいいのではなく、前の学習との共通点を考えたり、問題を発展させたりすることが大事なんだな」と考えるようになるはずです。

「教科のことを深くやりすぎてマニアックになっても仕方がない」という言葉に惑わされてはいけません。**見方・考え方のつながりを意識した系統性のある教材研究をして、教科のマニアックなことを知ることは、子どもの思考を見取り、価値付けるために無駄になりません。**

つまずいている子どもが何に苦しんでいるのかを考える根拠にもなります。知れば知るほど、子どもの思考が見えてきたり、価値付けたり、子ども同士の思考をつなげたりできるようになるのです。

※参考資料として本章の最後に、筆者が作成した小学校の各教科等の見方・考え方の一覧を掲載しておきます。

地域の研究組織を大切にしよう

系統性を意識した教材研究は一生ものです。ですから、どの教科も一人ですべてやることは至難の業です。

では、学校単位でできるかというと、それもなかなか難しいです。一教科を一人で請け負ったとしても、13教科（道徳、外国語、総合、特活含）ありますから13人は必要です。現実問題、一教科を一人でやることは難しいです。学校単位では、全教科の系統性を意識した教材研究をすることは不可能と言っても過言ではないでしょう。

そこで、私が重要だと考えているのが、各市区町村や各都道府県にある、各地域の研究組織です。各地域の研究組織は、各教科等によって組織が形成されていることが多いと思います。国語部や算数部といった感じです。そこには、ベテランから若手まで、様々な経験をもった先生が所属しています。研究テーマをもち、授業研究をする機会も多いでしょう。そういった**各地域の研究組織に所属し、見方・考え方のつながりを意識した系統性の**

ある教材研究をするのです。そして、そこで学んだことを学校に持ち帰り、少しずつ校内で広めていけばよいと思います。

特に重要となるのが、各市区町村の研究組織です。多くの先生が所属しているというだけでなく、やはり同じ市区町村にいるのであれば、子どもの様子も近いでしょう。今後、「個別最適な学び」を考える上では、**見方・考え方のつながりを意識した系統性のある教材研究とともに、目の前の子どもに応じた教材研究も重要になってくるはず**です。ぜひ、各市区町村の研究組織の活動を活発にして、教材研究の面白さを実感していただければと思います。

そして、そこで知り合った先生方で学習会を作って、さらに教材研究をすることを楽しむ場を自分たちで築いていけたら、教師としての楽しさも増していくと思います。

各教科等の学習を「自分は世の中を変えられる存在だ」と思える第一歩にする

次頁のグラフを見たことがあるでしょうか。このグラフは、日本財団（２０１９）が、九カ国の17～19歳男女１０００名にインターネットを使って調査をした結果を表したグラフです。六つの質問項目とも日本は最下位なのですが、とても気になるのが四つ目の「自分で国や社会を変えられると思う」という項目に対して「はい」と回答した割合が18・3%しかなかったことです。各国と比較すると、ずば抜けて低いです。一概に、高い・低いだけでは結論は出せませんが、全体の傾向を把握するという意味では、意味のあるグラフだと思います。

17～19歳というと、まさにこれから社会と関わろうとする年代の人たちです。この年代の多くの人たちが、社会と関わる前に**「どうせ自分が何をしたって世の中変わらない」と思っている**ということです。この結果は、けっこう厳しいなと思います。

学校で各教科等の学習や、様々な経験を通して、生涯にわたって能動的に学び続ける力

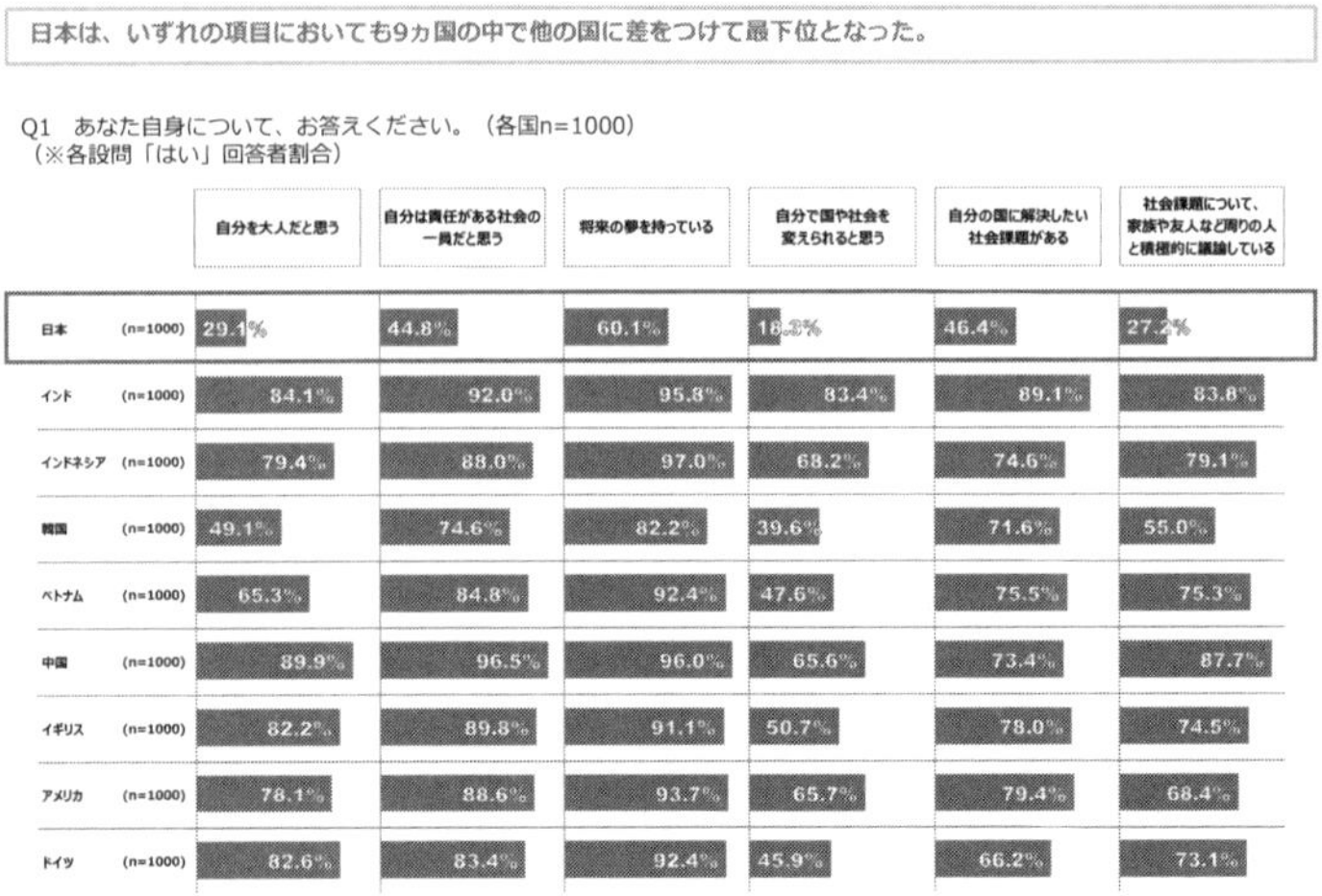

を養っても、その力を発揮しようとする気持ちがなければ、宝の持ち腐れです。というよりも、「自分で国や社会を変えられる」と思わなければ、そもそも、学び続けようなんて気持ちにもならないので、生涯にわたって能動的に学び続ける力なんて身に付かないでしょう。

だからこそ、学校では「自分でいろいろなことが変えることができるんだ！」という経験を少しずつ積ませていくことが必要です。「国や社会を変える」と言うと、あまりに対象が大きくなってしまうかもしれませんが、要するに「**自分が関わっている社会は、自分で変えられる**」という**気持ちをもてる**ことが大事なのです。

「どうせ何も変えられないのだから、黙って聞いていればいい」と思うのではなく、「もっとこうしたら良くなるのではないか？」「だったら、誰と関わるといいかな？」と、能動的に目の前の問題に関わる経験を積み重ねていくことが重要なのです。その中で、様々な失敗を繰り返し、トライ＆エラーの中から、「自分には、身の回りの社会を変えていける力があるのだ」ということを実感していってほしいのです。

そのための第一歩こそ、各教科等の学習です。各教科等の特質に応じた見方・考え方を働かせて、資質・能力を養い、「学び方」を学ぶことで、「学習は、自分で創り出すことができる」と思えるようにしていくのです。だからこそ、各教科等の特質に応じた見方・考え方を働かせて学ぶことが、生涯にわたって能動的に学び続ける力につながっていると言えるのです。知識も必要です。しかし、「自分で学びを創っている」という実感を、子どもがもてるような学習環境を、我々教師がつくることが重要なのです。

生涯にわたって能動的に学び続けられるように子どもの学習観を変えていく

クラス内や、学校内だけでは、「生涯にわたって能動的に学び続ける力」というのは育ちにくいかもしれません。社会全体の学習観が正解主義のままだと、どうしても人と比べて優劣を付けることばかりになってしまい、「負けたらおしまい」になってしまうからです。「負けたらおしまい」では、「生涯にわたって能動的に学び続ける力」は身に付きませんし、学ぼうともしません。我々教師にできることは、子どもたちの学習観を少しだけ豊かにしてあげることと、保護者に対して、**勝ち負けでは終わらない学習観があることを伝え続けることなのではないでしょうか。**

そんなことを思って、いろいろと考えていたとき、合田哲雄氏（2023）の記事を読みました。合田氏の「アンラーン」に関する記事の中に「『アンラーン』に求められるのは、立場や年齢を超えて、互いが対等であるという感覚です」という言葉がありましたが、これは本当に大切だと思います。この雰囲気が社会になければ、「私は○歳だから、今更学べない」という意識が生まれてしまいます。

年齢や立場でやれることが制限される雰囲気のある社会では、学び直しは難しいです。私も40歳を過ぎて通信で修士を取るためにアンラーンしましたが、算数教育以外の視点を学ぶことで、より算数教育の必要性や、教育全体の中での算数教育の意義みたいなことを考えることができました。年齢もタイミングも自分次第で学べる環境は、実は日本にはあるのです。しかし、今の日本の中に、「立場や年齢を超えて、互いが対等であるという感覚」が十分に充満しているかは疑問です。

子どもの「負けたらおしまい」の学習観を変えてあげるのは、我々大人の役目かもしれません。学校にいる間に、生涯にわたって能動的に学び続ける力を養ったとしても、社会に出て「負けたらおしまい」の学習観が充満していたら、怖くてチャレンジできません。「負けたらおしまい」では、負けないように何もしなくなるだけです。

「自分やまわりの人が幸せになるように、学び続け、チャレンジし続けることはよいことだ」という学習観を、世の中に少しずつ広めていくことが、我々大人が子どもに対してやるべき仕事の一つなのだと思います。

内容	解説頁
意味、働き、使い方等に着目して捉えたり問い直したりして、言葉への自覚を高めるこ	12
把握して、その解決に向けて社会への関わり方を選択・判断したりする際の「視点や方 過、事象や人々の相互関係に着目して社会的事象を捉え、比較・分類したり総合したり、	10
を基に筋道を立てて考え、統合的・発展的に考えること	23
捉えるかという「見方」(「エネルギー」を柱とする領域では主として量的・関係的な視 「生命」を柱とする領域では主として共通性・多様性の視点、「地球」を柱とする領域で 体、定性と定量の視点など)。問題解決の過程において、どのような考え方で思考して 考えることなど)	13-14
近な生活における人々、社会及び自然などの対象と自分がどのように関わっているのか 生活において思いや願いを実現していくという学習過程にあり、自分自身や自分の生活	11
要素とその働きの視点で捉え、自己のイメージや感情、生活や文化などと関連付けるこ	10
点で捉え、自分のイメージをもちながら意味や価値をつくりだすこと	11
どに係る生活事象を、協力・協働、健康・快適・安全、生活文化の継承・創造、持続可 きる生活を創造できるよう、よりよい生活を営むために工夫すること	12
を実現する観点を踏まえ、「運動やスポーツを、その価値や特性に着目して、楽しさや 性等に応じた『する・みる・支える・知る』の多様な関わり方と関連付けること」。「保 の質や生きがいを重視した健康に関する観点を踏まえ、「個人及び社会生活における課 病等のリスクの軽減や生活の質の向上、健康を支える環境づくりと関連付けること」	18
を捉え、どのような考え方で思考していくのかという、物事を捉える視点や考え方であ 化を、社会や世界、他者との関わりに着目して捉え、コミュニケーションを行う目的や 再構築すること」	11・67
的・多角的に考え、自己の生き方についての考えを深めること(※)	16
を多様な角度から俯瞰して捉え、実社会・実生活の課題を探究し、自己の生き方を問い	10
教科等における見方・考え方を総合的に働かせて、集団や社会における問題を捉え、よ 及び自己の実現に関連付けること	7

指導要領解説」をもとに筆者が作成した。

見方・考え方は示されていないが、中央教育審議会教育課程部会考える道徳への転換に向けた善について」。p.3に示された「道徳科における『見方・考え方』の(案)」をもとに、目標の

参考資料：小学校各教科等の見方・考え方一覧

教科	見方・考え方	
国語	言葉による 見方・考え方	児童が学習の中で、対象と言葉、言葉と言葉との関係を、言葉の と
社会	社会的事象の 見方・考え方	社会的事象の特色や意味などを考えたり、社会に見られる課題を 法（考え方）」であり、「位置や空間的な広がり、時期や時間の経 地域の人々や国民の生活と関連付けたりすること」
算数	数学的な 見方・考え方	事象を、数量や図形及びそれらの関係などに着目して捉え、根拠
理科	理科の 見方・考え方	問題解決の過程において、自然の事物・現象をどのような視点で 点、「粒子」を柱とする領域では主として質的・実体的な視点、 は主として時間的・空間的な視点、他にも原因と結果、部分と全 いくかという「考え方」（比較、関係付け、条件制御、多面的に
生活	身近な生活に関わる 見方・考え方	身近な生活に関わる見方は、身近な生活を捉える視点であり、身 という視点である。また、身近な生活に関わる考え方は、自分の について考えていくこと
音楽	音楽的な 見方・考え方	音楽に対する感性を働かせ、音や音楽を、音楽を形づくっている と
図画工作	造形的な 見方・考え方	感性や想像力を働かせ、対象や事象を、形や色などの造形的な視
家庭科	生活の営みに係る 見方・考え方	家庭科が学習対象としている家族や家庭、衣食住、消費や環境な 能な社会の構築等の視点で捉え、生涯にわたって、自立し共に生
体育	体育や保健の 見方・考え方	「体育の見方・考え方」とは、生涯にわたる豊かなスポーツライフ 喜びとともに体力の向上に果たす役割の視点から捉え、自己の適 健の見方・考え方」とは、疾病や傷害を防止するとともに、生活 題や情報を、健康や安全に関する原則や概念に着目して捉え、疾
外国語活動・外国語	外国語による コミュニケーション における 見方・考え方	外国語によるコミュニケーションの中で、どのような視点で物事 り、「外国語で表現し伝え合うため、外国語やその背景にある文 場面、状況等に応じて、情報を整理しながら考えなどを形成し、
道徳		道徳的諸価値についての理解を基に、自己を見つめ、物事を多面
総合	探究的な 見方・考え方	各教科等における見方・考え方を総合的に活用して、広範な事象 続けること
特別活動	集団や社会の 形成者としての 見方・考え方	特別活動と各教科等とが往還的な関係にあることを踏まえて、各 りよい人間関係の形成、よりよい集団生活の構築や社会への参画

【参考・引用資料】上記の参考資料は、文部科学省（2017）が示した各教科等の「小学校学習
（※）文部科学省（2017）「小学校学習指導要領（平成29年告示）解説特別の教科道徳編」に
WG（2016）資料3「道徳科における「主体的・対話的で深い学び」を実現する学習・指導改
一部の文言が該当すると筆者が考え、ここに掲載した。

第2章

生涯にわたって能動的に学び続ける力を養うための「個別最適な学び」

「個別最適な学び」の概念は避けては通れない

今後、「個別最適な学び」という言葉を避けては通れないでしょう。たとえ、言葉が変わっていったとしても、「個別最適な学び」の概念をなくすことはできないはずです。なぜなら、**学びとは、子どもを主語にしたもの**だからです。

現行の学習指導要領は、初めて子どもを主語にして作られた学習指導要領だと言われます。例えば、前回（文部科学省2008）と現行（文部科学省2017）の学習指導要領解説算数編に示してある算数科の目標の文言を比べてみましょう。

【文部科学省2008】の算数科の目標

算数的活動を通して、数量や図形についての基礎的・基本的な知識及び技能を身に付け、日常の事象について見通しをもち筋道を立てて考え、表現する能力を育てるとともに、算数的活動の楽しさや数理的な処理のよさに気付き、進んで生活や学習に活用しようとする態度を育てる。

【文部科学省2017】の算数科の目標

数学的な見方・考え方を働かせ、数学的活動を通して、数学的に考える資質・能力を次のとおり育成することを目指す。

（1）数量や図形などについての基礎的・基本的な概念や性質などを理解するとともに、日常の事象を数理的に処理する技能を身に付けるようにする。

（2）日常の事象を数理的に捉え見通しをもち筋道を立てて考察する力、基礎的・基本的な数量や図形の性質などを見いだし統合的・発展的に考察する力、数学的な表現を用いて事象を簡潔・明瞭・的確に表したり目的に応じて柔軟に表したりする力を養う。

（3）数学的活動の楽しさや数学のよさに気付き、学習を振り返ってよりよく問題解決しようとする態度、算数で学んだことを生活や学習に活用しようとする態度を養う。

（傍線は筆者加筆）

傍線部分を見ていただければわかると思いますが、前回（文部科学省２００８）の方は、目標の内容について「育てる」という言葉が使われています。「育てる」という言葉は、教師が子どもに対して行う動詞です。

しかし、現行（文部科学省２０１７）においては、「理解する」「身に付ける」「養う」といった言葉が使われています。これらの言葉は、子どもが学習をする際に行う動詞です。

このように、**学ぶ主体者である子どもが主語になる学習が目指されている**ということなのです。よって、「個別最適な学び」の概念はなくなるどころか、もっともっと考えていかなければならない概念になるということです。

「個別最適な学び」とは何か

前章でも述べましたが、「個別最適な学び」とは、「主体的・対話的で深い学び」の実現に向けた授業改善をするための手段です。ですから、「個別最適な学び」も、「主体的・対話的で深い学び」の目標を達成するための手段ということになります。「主体的・対話的で深い学び」の目標は、「資質・能力を身に付け、生涯にわたって能動的（アクティブ）に学び続けるようにすること」ですから、この目標が「個別最適な学び」の目標ということにもなります。

この目標を達成するために、「個別最適な学び」のあり方として、「指導の個別化」と「学習の個性化」という二つが示されています（中央教育審議会２０２１）。

次頁の、中央教育審議会（２０２１）が示した、「指導の個別化」と「学習の個性化」の解説文をご覧ください。

○　全ての子供に基礎的・基本的な知識・技能を確実に習得させ、思考力・判断力・表現力等や、自ら学習を調整しながら粘り強く学習に取り組む態度等を育成するためには、教師が支援の必要な子供により重点的な指導を行うことなどで効果的な指導を実現することや、子供一人一人の特性や学習進度、学習到達度等に応じ、指導方法・教材や学習時間等の柔軟な提供・設定を行うことなどの「指導の個別化」が必要である。

○　基礎的・基本的な知識・技能等や、言語能力、情報活用能力、問題発見・解決能力等の学習の基盤となる資質・能力等を土台として、幼児期からの様々な場を通じての体験活動から得た子供の興味・関心・キャリア形成の方向性等に応じ、探究において課題の設定、情報の収集、整理・分析、まとめ・表現を行う等、教師が子供一人一人に応じた学習活動や学習課題に取り組む機会を提供することで、子供自身が学習が最適となるよう調整する「学習の個性化」も必要である。

読むと、何となくわかると思うのですが、ちょっと実感が湧かないのではないでしょうか。そこで、勇気を出して、私がかなり平たく、この二つの言葉を解釈します。

まず、「指導の個別化」ですが、一人ひとりの学力や特性に合わせて、子どもが学習内容や「学び方」を選択し、基礎・基本となる知識や「学び方」を身に付ける学びと考えるとわかりやすいと思います。もっと具体的に言えば、**「教科書の内容（全員が身に付けてほしい学習指導要領に示されている内容）の理解を一人ひとりの子どもの学習進度に合わせて目指す学習」**と言うとイメージしやすいのではないでしょうか。ただし、決して、教科書を読んで暗記することではないことは強く述べておきます。

次に、「学習の個性化」ですが、一人ひとりの興味・関心や必要性に合わせて、自ら学習を発展させ、探究していく学びと考えるとわかりやすいと思います。こちらも具体的に言えば、**「教科書の内容から飛び出し、学習のつながりを意識した内容を、一人ひとりの子どもの興味・関心に委ねて学ぶ学習」**と言うとイメージしやすいのではないでしょうか。くれぐれも、「参考書の難しい問題を解くこと」ではなく、解決した問題を発展させ、新しい

知識を自ら発見するようにすることが重要です。

イメージとしては、前頁の図のような感じです。「指導の個別化」で問題を解決した際に働かせた見方を顕在化して、「この見方は、他にもどんなときに働かせることができるのか？」と考えて、自分で問題を発展させていく学習です。これは、前章でもたくさん触れてきましたので、ご理解いただきやすいのではないかと思います。

整数のたし算で「～を1とする」という数学的な見方を働かせることができたのだから、「小数でも同じようにできるかな？」と考えたり、「平行四辺形は長方形に直すことで面積を求められたから、三角形や台形でも同じようにできるかな？」と考えたりするということです。

「個別最適な学び」が知識偏重の教育にならないように

「指導の個別化」と「学習の個性化」について、どんな学習を想像されたでしょうか。次のような学習を想像しませんでしたか？


「全員が理解してほしい学習内容のプリントを用意して、各自のペースで取り組む」

「そのプリントができた子どものために、難易度の高いプリントを用意する」

「それもできてしまった子どものために、受験難関学校の過去問を用意する」

「これで、各自のペースに合わせた学習ができるな！」


どうでしょうか。これが「個別最適な学び」になっているでしょうか。確かに、全員が身に付けてほしい内容を、各自のペースで理解できる学習になっていますし、問題が解けた子どもたちは、さらに発展的な問題に取り組んでいます。きっと、問題を解いている最中も、子ども同士で話し合ったり、教え合ったりしながら、「協働的な学び」も起きる姿が想像できます。きっと、子どもも楽しく学習に取り組むでしょう。

でも、これでいいのでしょうか。こういった学習は「教師に問題を与え続けられている」とともに、知識の詰め込みになっている可能性が高いです。「できたら次のプリントをやる」という学習は、とにかく知識を詰め込むとともに、「先生、次は何をやればいいですか?」という受動的な子どもを増やすことにつながる可能性が高いのではないでしょうか。「個別最適な学び」の目標は、「資質・能力を身に付け、生涯にわたって能動的（アクティブ）に学び続けるようにすること」だったはず。**先生に用意されたプリントを解き続け、「解けたらよい」という学習観を与え続けることは、逆効果**ではないでしょうか。

「個別最適な学び」を、ただ「子どもが、自分で考えたり、まわりの人と一緒に問題を解いたりすること」という表面的な活動にしてしまうと、かつての知識偏重の教育に戻ってしまう恐れがあると私は危惧しています。知識偏重の教育に逆戻りしないためには、やはり、**見方・考え方を働かせて、自ら問題を発展させていくような学習をすること**です。これは、個別学習や自由進度学習といった、子どもに委ねる学習においても不可欠です。「子どもが自分でやるときは見方・考え方を働かせられないのは仕方がない」となってしまえば、結局、「誰かに与えられないとできない人」を増やしていることになってしまいます。生涯にわたって能動的に学び続ける力を養うことにはつながらないでしょう。

一斉授業のあり方の変化と重要性

第1章でも述べましたが、子ども自身で学習を進めるときも、見方・考え方を働かせて、解決した問題を自ら発展させていけるようにするためには、一斉授業で「学び方」を学ぶ必要があります。もしかすると、これまでの一斉授業というのは、一人の教師が多くの子どもに、効率よく知識の伝達をするためのものだったのではないでしょうか。そこまでではなくとも、みんなで同じ問題を解決する方法を考える場という位置づけだったかもしれません。今後も、そういった役割を一斉授業が担うことは必要だと思います。しかし、これからは、「『学び方』を学ぶ場」という役割も一斉授業に担わせていくことが重要です。他の言い方をするのであれば、**「見方・考え方の働かせ方を学ぶ場」**とも言えます。

一斉授業において、「学び方」をしっかりと身に付け、見方・考え方の働かせ方を理解した上で、個別学習や自由進度学習をしていけば、子どもに学びを委ねたとしても、解決した問題を自ら発展させ、学習をつなげていくことができるはずです。

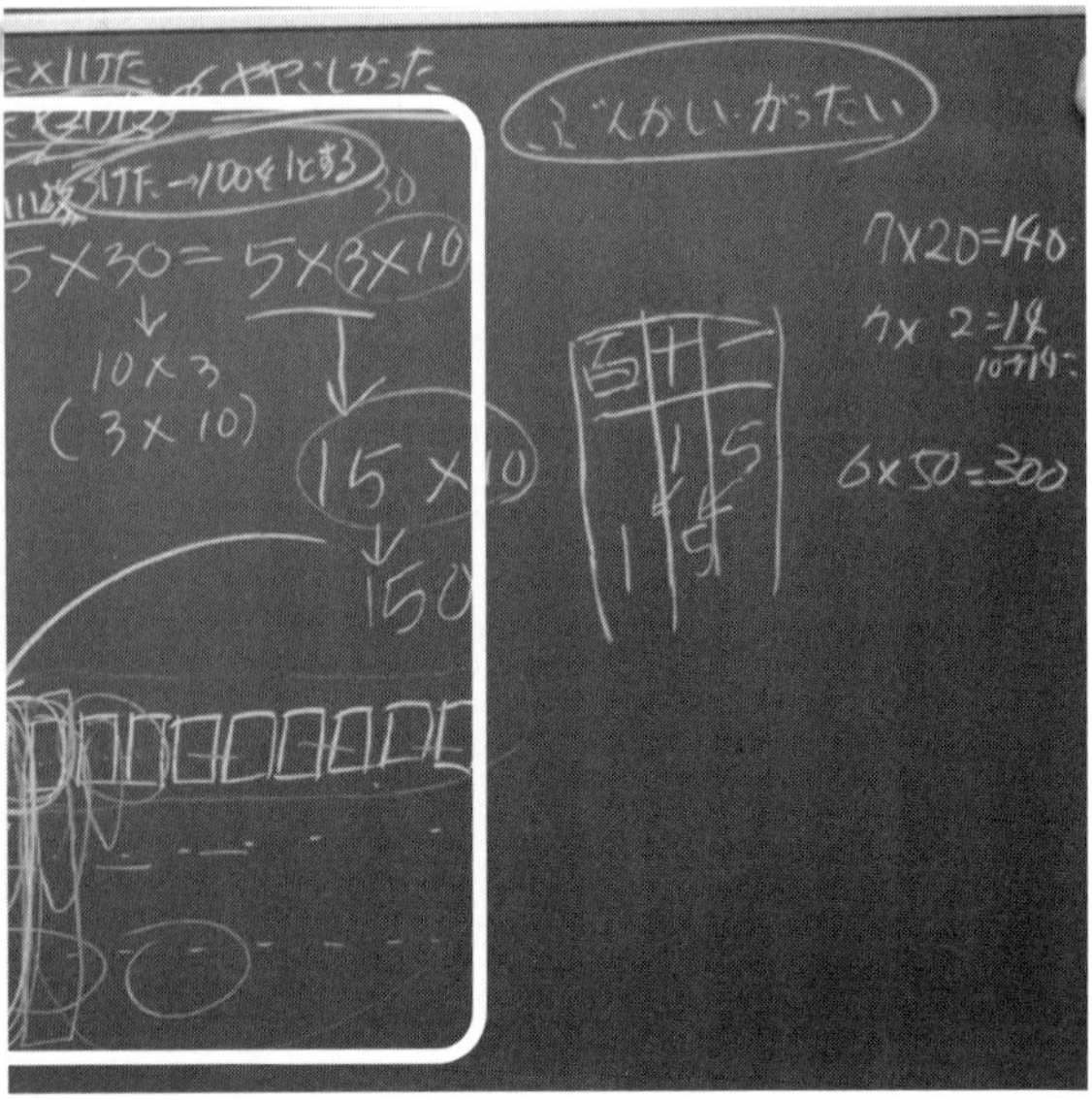

見方・考え方を働かせた単元づくりの実際

「じゃあ、具体的にどうするの？」と思われた方も多いと思います。このご質問に絶対的な答えはないと思います。なぜなら、**一人ひとりの子どもは違う**からです。でも、私なりに、「こんなことをするといいのではないか」という実践を試行錯誤しているので、その様子をご紹介します。

【単元導入における一斉授業】

まず、単元の導入では一斉授業を行

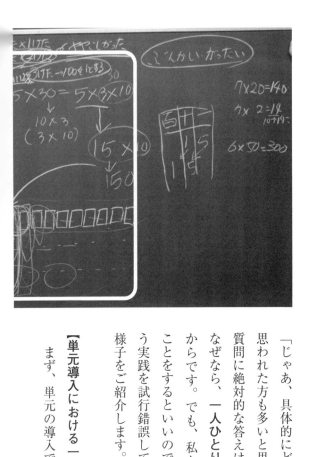

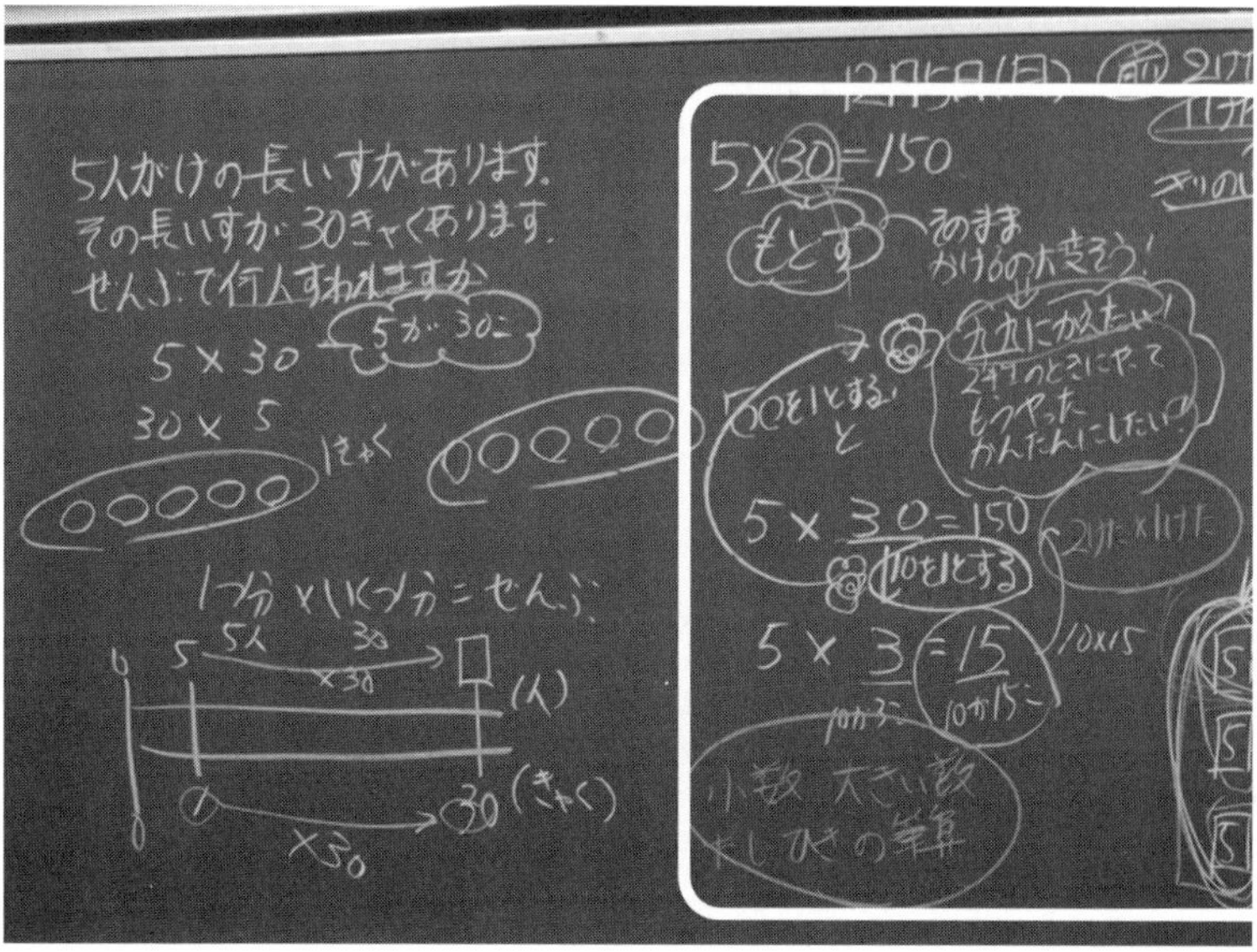

います。だいたい2～3時間です。単元の導入で一斉授業を行う意図は、その単元で働かせるべき数学的な見方を顕在化して共有するとともに、単元を通した課題意識をもたせるためです。と言ったところで伝わりづらいので、実践を通してご説明いたします。実践は、3年生の2桁×2桁の学習です。

まず、一時間目は5×30の計算の仕方を考えるという学習で、一斉授業で行いました。上の写真が一時間目の板書です。

四角で囲んだ部分が重要です。この部分に、数学的な見方が顕在化されて

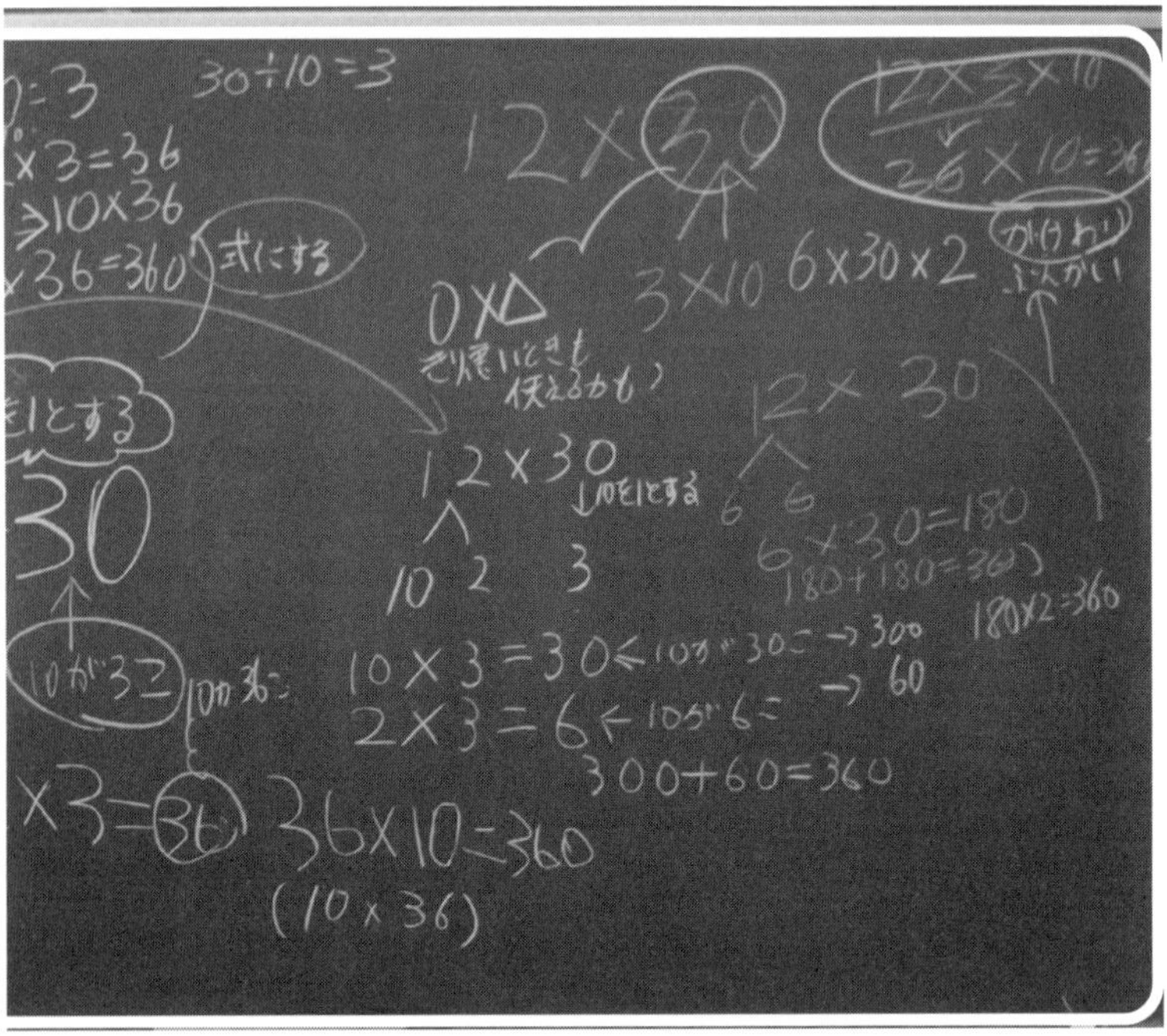

います。「そのままでは大変そう！」だから「九九に変えたい！」という発想の源が書かれ、「10を1とする」という数学的な見方が言語化された結果、5×30を5×3という九九の計算にできたことが書かれています。

　大事なことは、「5×30を5×3にする」という解き方だけでなく、式と対比させながら、そのために働かせてきた「10を1とする」という数学的な見方を顕在化していることです。式や図や言葉を使い

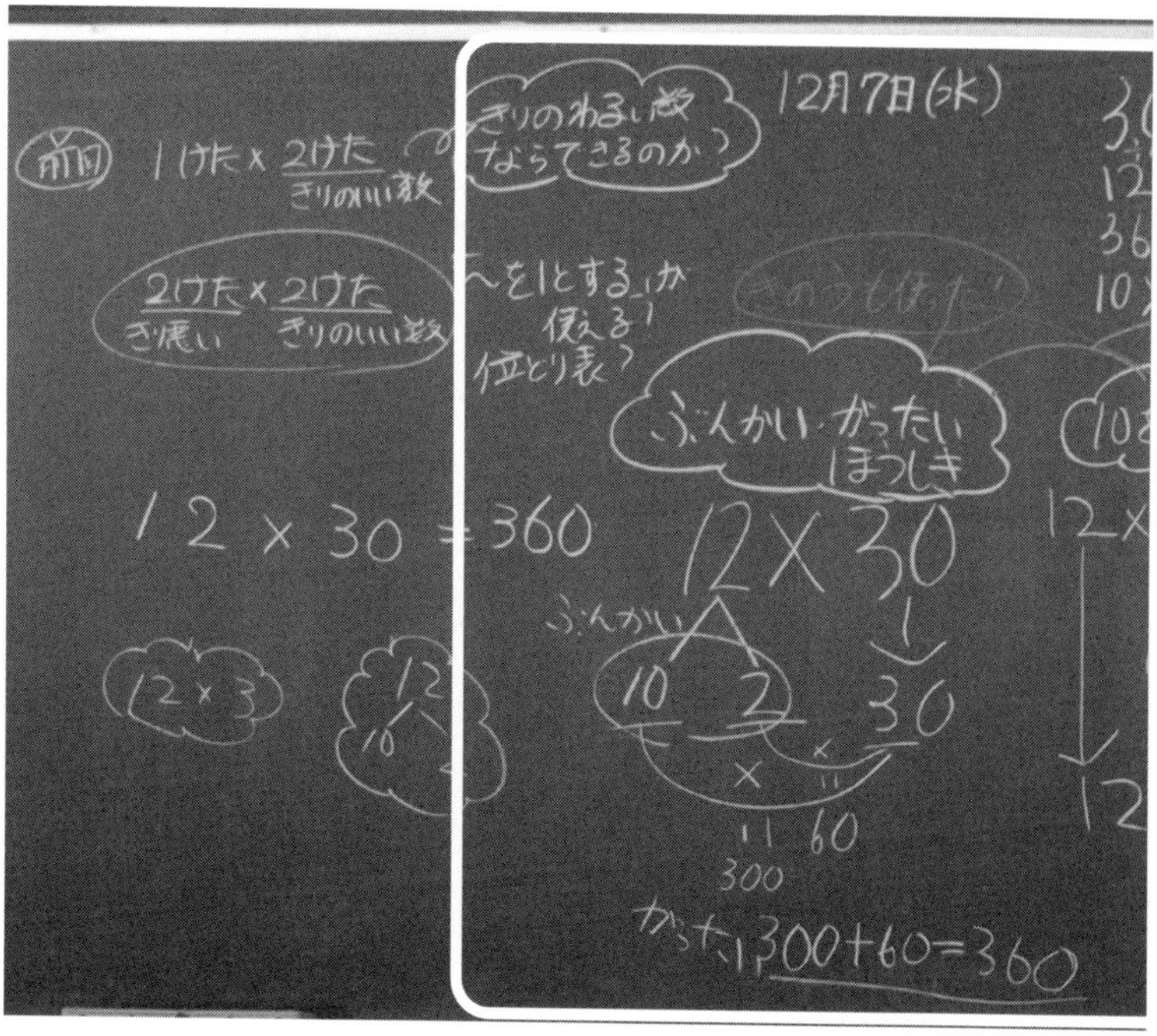

ながら、数学的な見方を顕在化させていくのです。

次に、二時間目は12×30の計算の仕方を考えるという学習をしました。これも一斉授業で行いました。

上の写真が一時間目の板書の写真です。

少し広い範囲にまたがってしまっていますが、四角枠の中をご覧ください。二時間目においても、数学的な見方が顕在化されていることがわかると思います。前時で働かせた「10を1とする」という数学的な見方だけでなく、「ぶんかい・がったいほうしき」や「かけわりぶんかいほうしき」といった数学的な見方が顕在化されています。

「ぶんかい・がったいほうしき」とは、12×30を10×30＋2×30と見て計算する仕方で、分配法則のことです。

「かけわりぶんかいほうしき」とは、12×30を12×3×10と見て計算する仕方で、30を3×10と見た後に結合法則をしているのです。

また、授業の最後に、「みんなが見つけた着目ポイント（私のクラスでは、数学的な見方のことを、着目ポイントと言っています）を使うと、どんなことができそうかな？」と問いかけると、「前の時間と今日の時間は、×何十できりがよかったけれど、きりの悪い数でも同じようにできるのかな？」という疑問が出て、それを次の時間にやることにしました。黒板の左上に「きりのわるい数ならできるのか？」と書いてありますが、これが、疑問が出たときに残した板書です。

このように、2桁×2桁の計算で働かせられる数学的な見方を顕在化し、この後の学習内容まで共有した後、三時間目に個別学習を行いました。

【三時間目の個別学習】

三時間目の個別学習に入る時点で、子どもが意識している数学的な見方と、学習のつながりから出てきた課題意識は以下の通りです。

〔子どもが意識している数学的な見方〕

○「10を1とする」→九九にできる　5×30→5×3

○「ぶんかい・がったいほうしき」（10×30＋2×30）

○「かけわりぶんかいほうしき」（12×3×10）

〔子どもの課題意識〕

（きりの悪い2桁）×（きりの悪い2桁）でも、これまで働かせてきた数学的な見方は働かせられるのか？

これらのことを三時間目の導入で、全員で共有してから個別学習に入りました。次頁の写真が三時間目の導入時に書いた板書です。

扱った問題は23×12です。個別学習でも、最初に提示する問題は全員共通の問題にして

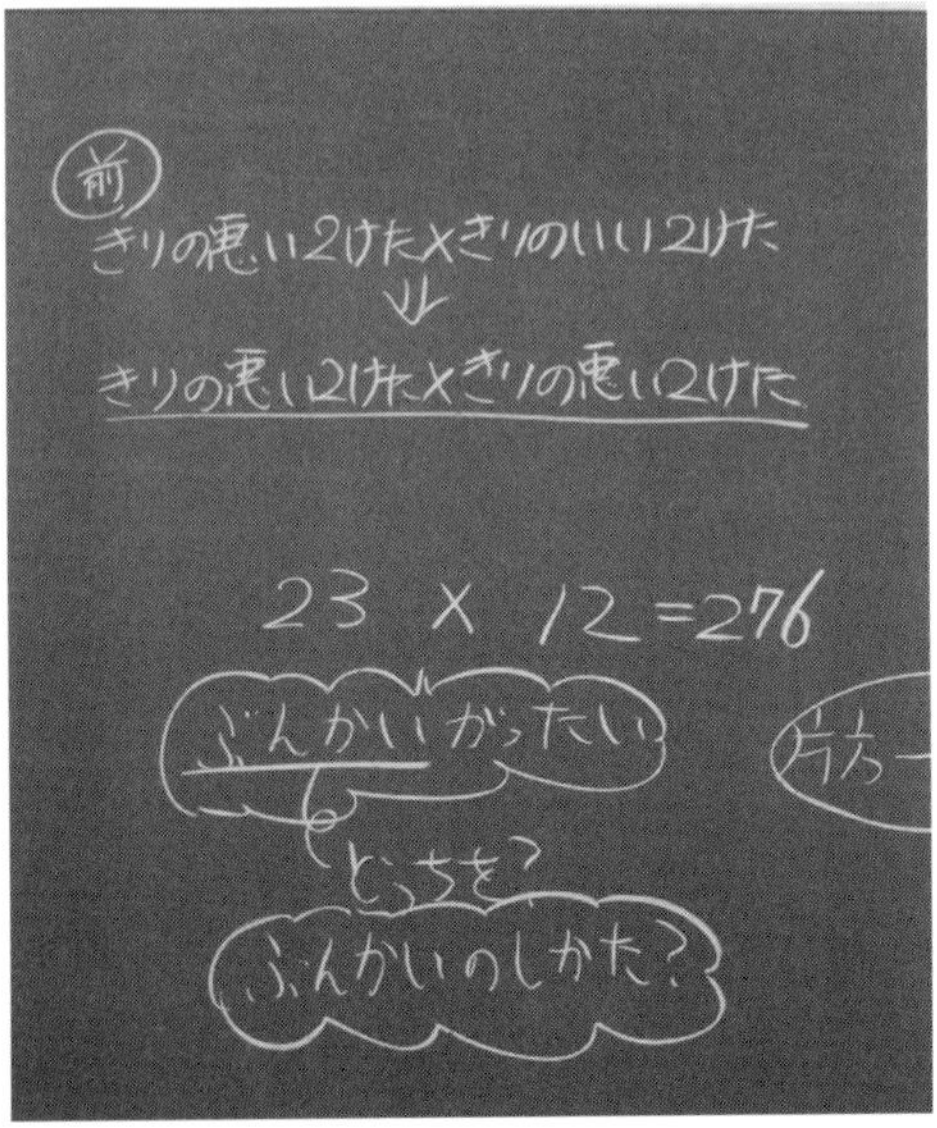

います。なぜなら、共通の問題にしないと、**解いた後に、自分以外の人の解き方を聞いたり、わからなかったときに、他の人に聞いたりすることができない**からです。「答えが出たらおしまい」ではなく、答えが出た後に、様々な考え方に触れ、共通点を見つけ、よりよい数学的な見方に成長させることによって、発展的に考えることもしやすくなるのです。何より、学校に来ているのに、一人で学習しているだけでは、面白くないですからね。

個別学習は次のような流れで進みます。

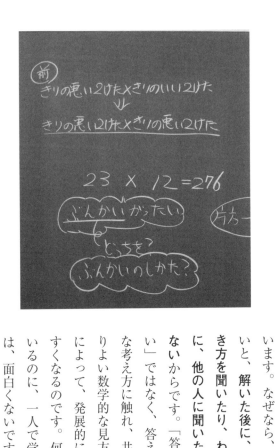

授業前半（20分程度）：「指導の個別化」を意識

①　問題を解く（全員共通）
※大切なことは、以下の二点について考えること
・大事な考え方は何か（数学的な見方）
・前の学習と共通する考え方は何か（統合的な考え）
②　数学的な見方をＩＣＴで共有する

授業後半（20分程度）：「学習の個性化」を意識

③　解いた問題を発展させる（関心あることを調べる等もあり）
問題を発展させる主な視点：数を変える　数の個数を変える　場面を変える
※重要なことは、前半で解いた問題で働かせた数学的な見方が数範囲や場面を変えても使えるのか？　を考えて問題を発展させ、解くこと。

右記の流れは目安です。最初に出した問題を解決するのに精一杯の子どももいますし、後半の問題を発展させることに多くの時間を費やす子どももいます。あくまで一つの目安

ですので、この通りに流れなくても全く問題ありません。大事なことは、**一人ひとりの子どもの理解度や、興味・関心に合わせて学習を自ら進めること、そして、数学的な見方・考え方を働かせて学習を進めること**です。

また、全員が身に付けてほしい内容（全員共通の一問目の問題）については、なるべく全員が理解できるように教師が見取り、指導してあげることも忘れないようにしたいです。

授業前半の実際

問題が一問だけ書かれたA3ノートを配布し、まずはみんなが同じ問題を解きました。全員共通で提示した問題は「次の計算の仕方を考えよう。23×12」です。（きりの悪い2桁）×（きりの悪い2桁）の代表値として23×12を出したのです。

次頁のノートは、ある子どもがこの問題を解いたときのノートです。このノートで注目すべきは四角囲いの部分です。「着目ポイント」と書かれた下に、23×12を解決するときに働かせた数学的な見方が言語化されています。なかには、数学的な見方ではなく、解いたときに思ったことも書かれていますが、大事なことは、「解いて終わり」にせず、**「何を考えながら自分は解いたのか」**ということを顕在化することです。

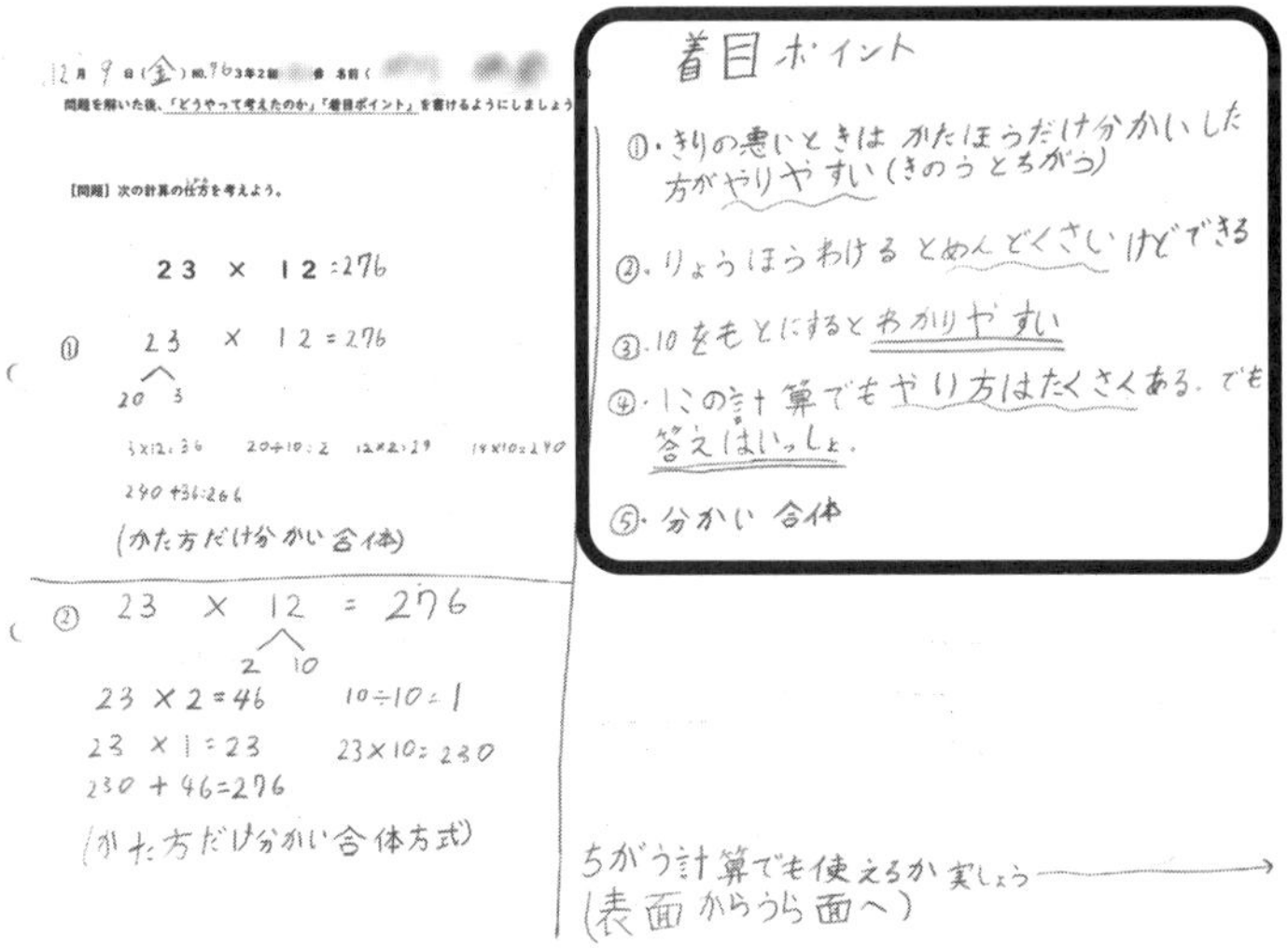

この子どもは、「前時までに働かせた『10を1とする』『ぶんかい・がったいほうしき』『かけわりぶんかいほうしき』といった数学的な見方が、（きりの悪い2桁）×（きりの悪い2桁）でも働かせることができるのか？」という意識をもって、23×12の計算の仕方を考えていることがわかります。

もちろん、全員の子どもが、「前時までに働かせた数学的な見方を、今日の問題でも同じように働かせることができるのか？」と学習のつながりを意識して個別学習ができるわけではありません。しかし、**3年生の子どもでも、こうやって、前時までに働かせた数学的な見方を意識しながら、**

[redacted] 12/09 11:00
片方だけ分解する。分解するところは10や20などの切りのいい数と1や2の微妙な数に分けたほうがいい。

[redacted] 12/09 11:04
切りの悪い数２けた×２けたの時はどっちも分けてできるけど、大変だから、一つだけを分解して合体するほうがやりやすい！　（分解・合体方式）

[redacted] 12/09 11:07
両方分けてもできるけれど、片方だけの方がやりやすい。

[redacted] 12/09 11:08
切りの悪い時はかたほうで分解した方がやりやすい
１０をもとにするとやりやすい
１このけいさんでもやり方はたくさんある。でも答えはいっしょ。

[redacted] 12/09 11:10 編集済み
１０を１とすると、分かりやすかったです。（私は、かたほうぶんかい式をやりました）

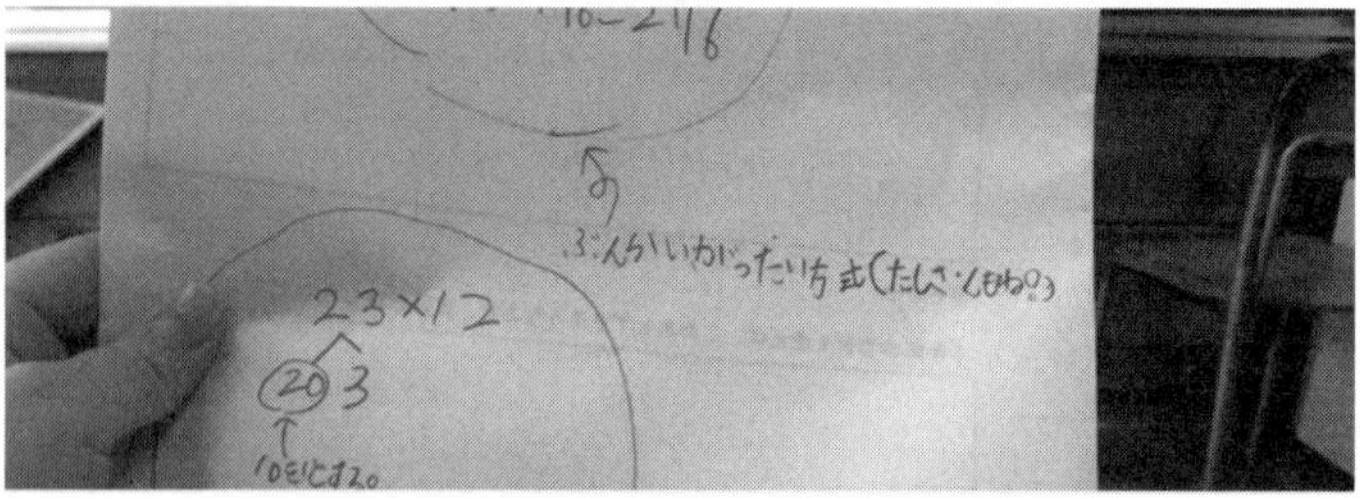

学習をつなげていくことはできるのです。こういった子どもを一人ずつ増やしていき、少しずつ学級全体に、学習をつなげていく意識を広めていくのです。

数学的な見方が顕在化できない子どももたくさんいます。そういった子どもが数学的な見方を顕在化できるようにするためにも、ＩＣＴを使って、数学的な見方を共有することは効果的です。上の写真は、本実践の際に投稿された数学的な見方です。これを見て、数学的な見方を顕在化できなかった子どもは「こういうことに着目すればいいのか」と理解できるとともに、数学的な見方を顕在化できた子どもにとっても、「こういう見方もあるのか」という気付きにもなります。

ただし、学習中に次々と投稿がされていきますので、すべての投稿を見ようとすると、子どもはそれだけで目一杯になってしまいます。算数が苦手な子どもにとってはなおさらです。そんな子どものためにも、投稿された数学的な見方を教師が読みながら、同じような数学的な見方が投稿されたら「また同じような着目ポイント（数学的な見方）が投稿されたね」とか、「〇〇さんは、他の人とは違った言葉で書いているね」とか、**実況中継をしてあげるといい**と思います。子どもは問題を解いたり、他の人と話したりしながら、けっこう聞いているものです。

授業後半の実際

授業の後半は、授業の前半で解いた23×12を発展させる場面です。ここで大切なことは、**一問目を解決したときに働かせた数学的な見方を働かせること**です。「前の問題で働かせた数学的な見方を働かせると、どんな問題ができるのかな？」と考えて問題を発展させるということです。ただ問題を発展させるだけでは意味がありません。それでは、単なるドリル学習になってしまいます。

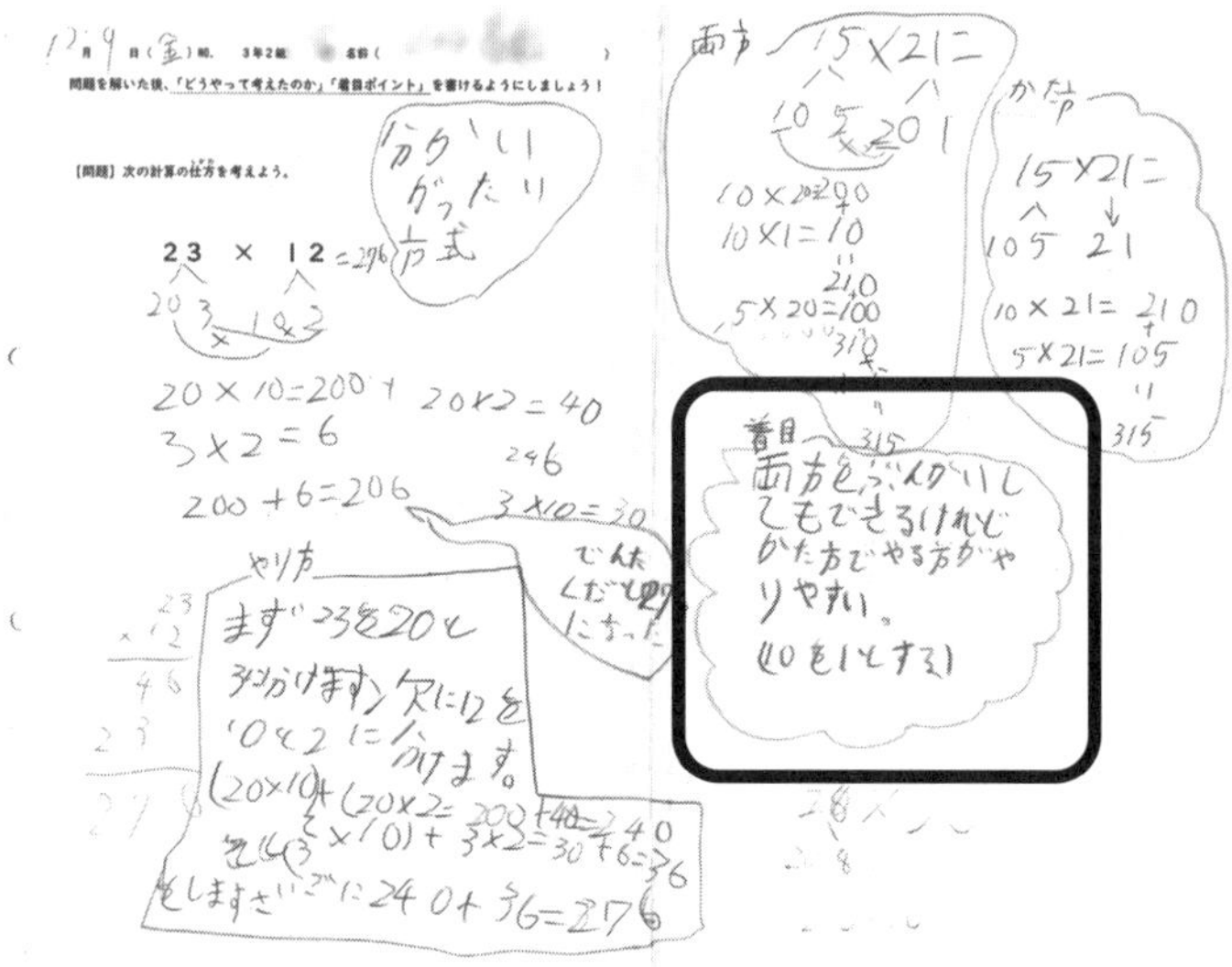

上のノートは、この時間にある子どもが書いたノートです。この子どもは数値を変えて15×21という問題を自分で作り、解いています。大事なところは四角枠で囲んだ部分です。「両方ぶんかいしてもできるけれどかた方でやる方がやりやすい」と書いてあるのがわかるでしょうか。これは、23×12の計算の仕方を考えたとき、「両方の数を分けるのではなく、片方の数を何十と何（例12なら10と2）に分けて計算した方が、計算の手間が少ない」という数学的な見方を、数値を変えても確かめているのです。

　このように**「これまで働かせてきた数学的な見方が、問題を発展させても働か**

せられるのか？」と考えることが大切です。そうすると、「だったら、3桁×3桁でも、同じようにできるかな？」と自分で学習をどんどん進めていくことができるとともに、「何桁になっても同じようにできるんだ！」と統合的に考えることも自分でしやすくなるのです。わざわざ「次は3桁×3桁をやりましょう」と教師が言わなくてもいいですし、「先生、次は何をすればいいですか」と言う子どもも少なくなります。まさに、学び続ける力が養われていくのです。

ちなみに、「問題を発展させてみましょう」と伝えても、子どもはなかなかできません。そこで、私は発展のさせ方として、「数を変える（例：23×12→15×21、9＋4→3＋8、桁数を変える等）」「数の個数を変える（a＋b→a＋b＋c等）」「場面を変える（たし算→ひき算、かけ算→わり算、あめ→車等）」という三つの視点を示しています。

発展のさせ方の視点を与えると、子どもが自分で学びを進めやすくなります。同時に、「解決した問題で働かせた数学的な見方が同じように働かせられるのか？」と意識させることで、解決した問題を発展させて作った問題を解くときに働かせた数学的な見方の共通点も見つけやすくなるので、一般化や統合的に考える意識も養われていくのです。

「学習の個性化」を意識した授業後半の個別学習では、当該学年の学習内容を超えたこと

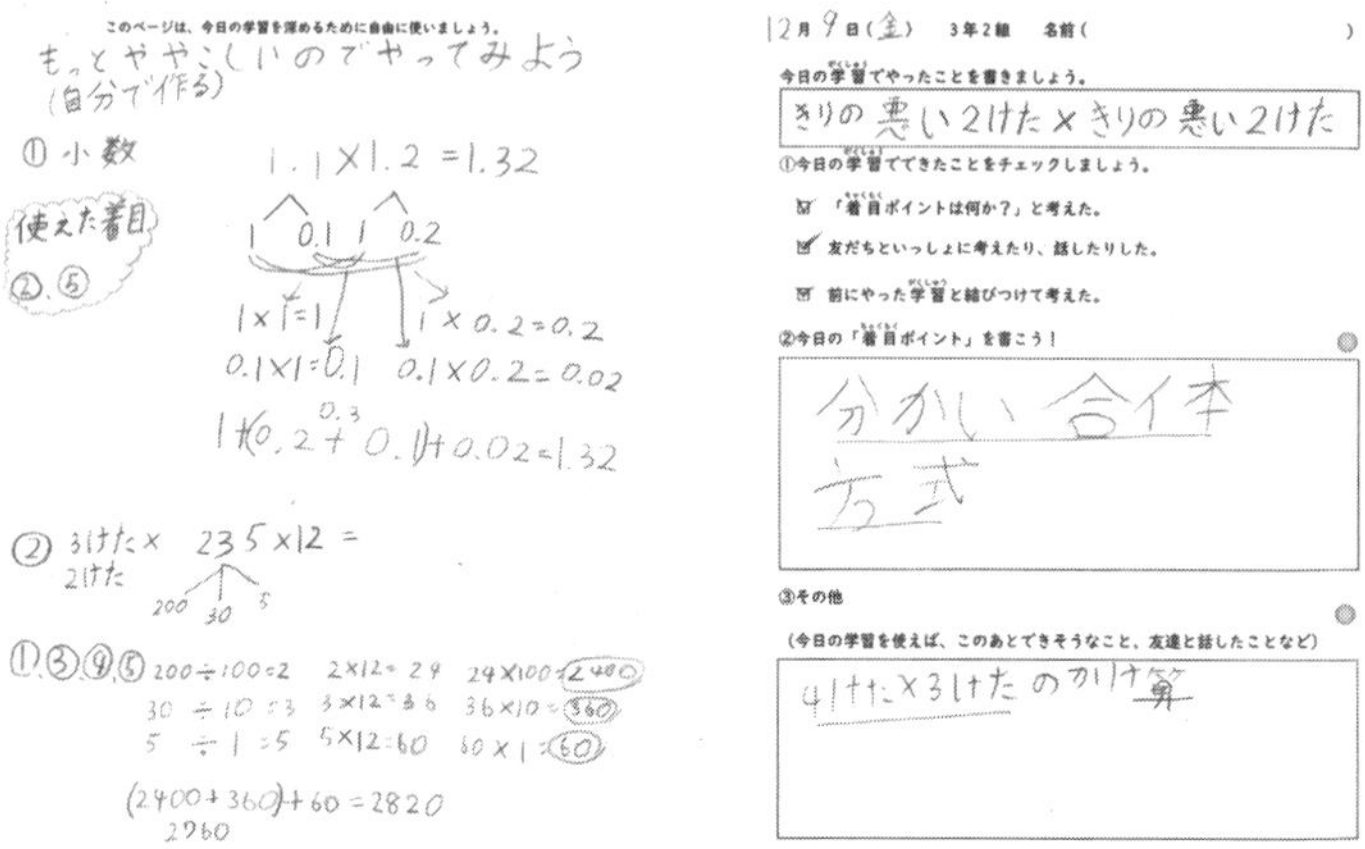

に取り組む子どもも出てきます。上のノートは、87頁で紹介したノートを書いた子どもが、23×12をもとに学習を発展させた際に書いたノートですが、小数×小数をやっています。もし一斉授業であれば、取り扱うことは難しい内容です。しかし、子どもが自分で興味をもって学習を進めていくと、こういった姿に出会うことがあります。私は大いに褒めています。「すごい！」「面白い！」「これって○年生の内容だけれど、できそう？」とか言いながら焚きつけていきます。ただし、ここでも重要な視点が数学的な見方です。

このノートを書いた子どもは、ただ小数×小数をしているわけではありません。23×12で働かせた、世に言う分配法則という数学的な見方が、「小数×小数でも同じように働かせることができるのか？」と考えてやっているのです。

部分積である、1×0.2、0.1×1、0.1×0.2がうまく計算できなかったようなので、パソコンの中に入っている電卓アプリを使って計算していました。そして、部分積の合計と、1.1×1.2を電卓で出した答えが同じになっていたので、分配法則が「小数×小数でも同じように働かせられる」と考えていました。

もし、小数×小数の計算の仕方を先行知識として知っていて、答えを出しているだけならば、**「それって、前の問題を解決したときに使った着目ポイント（数学的な見方）は同じように使えている？」**と声をかけるといいと思います。そうすることで、形式的な先行知識をもっている子どもも、自分のもっている知識に対して、数学的な見方で振り返ることができ、目の前で学習していることと先行知識のつながりを考えることができます。

全員が取り組むべきことと取り組まなくてもよいことの線引きの明確化

本実践を見ていて、「授業後半でやったことが子どもによってバラバラなのに、共有しなくていいの？」と思った方も多いのではないでしょうか。個別学習の話をすると、必ず聞かれる質問です。その質問があったときは**「共有はしなくていいと思います」**と答えています。後述しますが、絶対に理解してほしい内容について理解していない子どもが多ければ、一斉授業に戻して共有します。もしくは、数人程度であれば、集めて私が説明して教えることも多々あります。ただし、授業後半の問題に関しては、子どもがそれぞれ発展させて別々のことをやっているので、全員で共有することはしません。なかには、小数×小数のように学年を超えた内容をやっている子どももいますからね。

ここで必要なことは、**「全員が同じことをしないといけない」という教師の意識改革**です。教師は、授業では全員が同じことをやっていないといけないのではないかという意識が強すぎるのではないでしょうか。解き方や考え方の多様性は認めてはいると思いますが、取り組んでいる問題については、全員が同じことをやっていないと、学力の差が生じてしまうという恐怖感をもっている気がします。取り組む問題が違えば、学力に差が生じることはあるでしょう。しかし、取り組む問題が同じであれば、学力に差は生じないでしょうか。

今まで、一斉授業で同じ問題に取り組んでいた子どもたちに学力の差が生じていないのであれば、クラスの中の子どもたちの学力が均一になっているはずです。少なからず、理解できない子どもはいなかったはず。でも、そうでないことは誰の目にも明らかでしょう。みんな同じ問題に取り組むことよりも、一人ひとりの学習状況や興味・関心に応じた学習に取り組むことによって、学習に主体的に取り組む態度を養い、「生涯にわたって能動的に学び続ける力を養うための礎を築いていくこと」が重要なのです。

しかし、「子どもがやりたいことをやればよい」というだけでは、身に付けるべき知識や思考力、「学び方」も身に付きません。そこで、**「ここまでは全員が理解してほしい内容」という線引きを明確にもっておく**必要があります。そのため、私は、算数の個別学習の際は、一問目は全員共通の問題に取り組み、その後は、解決した問題を発展させたり、自分が興味・関心をもったことについて調べたりする活動を取り入れています。この「最初の一問目」が「全員が取り組むべきこと＝全員が理解してほしい内容」になります。この線引きは、「授業のねらい」に依存します。

「くり上がりのあるたし算の計算の仕方を考える」というねらいであれば、9＋3という問題を提示して、全員が9＋3の計算の仕方を考えます。そして、自分なりの解き方を考えた後は、まわりの人たちと交流しながら、被加数分解や加数分解の方法を共有し、くり上がりのあるたし算の計算の仕方を共有していくのです。

「全員が理解してほしい内容」という線引きをしたのであれば、個別学習において、教師は理解が難しい子どもの横について一緒に考えることができます。これは、一斉授業ではなかなか時間的に余裕がなくてできないものでした。ときには、解き方を教師が教えてあげることも必要でしょう。

「全員が取り組むべきこと」が終わった後は、子どもが自分で考えた問題を解いたり、興味・関心をもったことに取り組んだりするのです。まわりの人と一緒に問題を作りたい子どももいれば、興味があることを一人で考えたり調べたりしたい子どももいます。そこから先は、無理に全員で共有することなく、自分で学びを進める楽しさを味わわせる時間と考えればよいのです。そう考えると、教師も気が楽になり、子どもの学びを面白がる余裕も出てきます。

子どもから学習を戻す勇気を兼ね備える

「個別最適な学び」について考える際、「子どもに学びを委ねる勇気」を意識することが多くなると思います。それは必要なことです。これまでの学習観をよりよく変えていくための教師の意識改革として、「子どもに学びを委ねる勇気」は大切なことです。

しかし、それが行き過ぎると、単なる学習形態の話になってしまう危険性があります。「個別学習をしていることが素晴らしい」「自由進度学習をしている子どもは自ら学びを進めている」といった評価がなされ、**子どもが間違って理解してしまっていることに教師が気付いているのに、個別学習や自由進度学習を止められなくなってしまう**のです。私自身、いろいろと実践をして感じるのですが、「個別最適な学び」と「協働的な学び」のあり方について、この警鐘をちゃんと鳴らした方がよいと考えています。

もし、個別学習や自由進度学習をしていて、「このままでは、子どもが間違った理解をして終わってしまう」と判断した場合は、一度止めて、一斉授業を行うことをお勧めしま

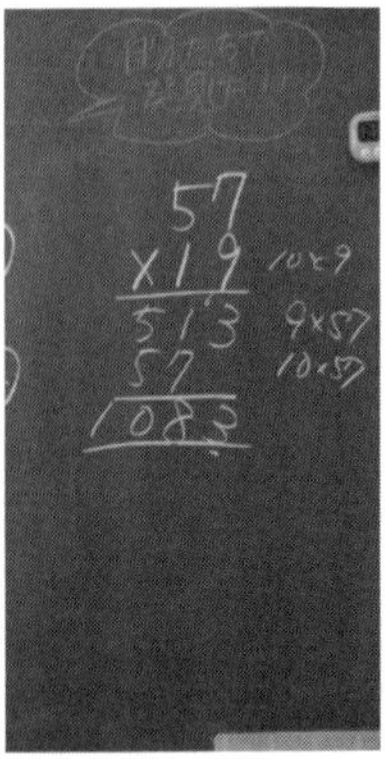

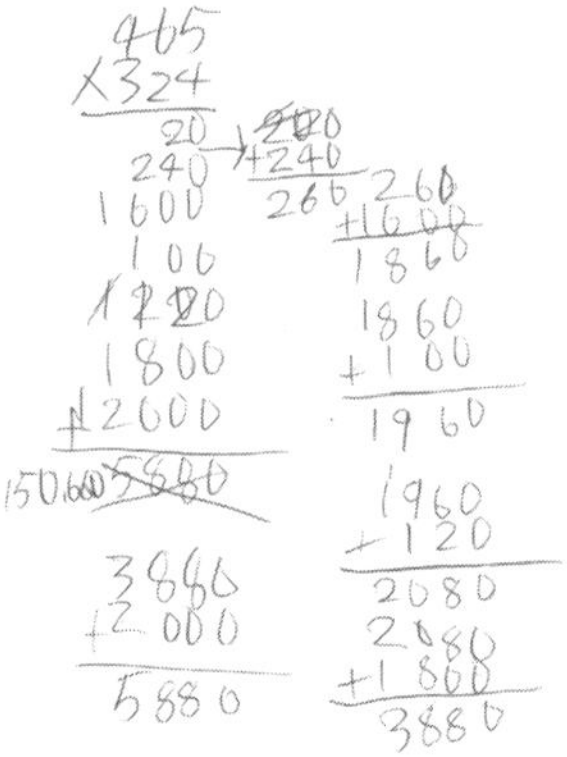

す。まさに、**「子どもから学習を戻す勇気」**をもつ瞬間です。

しかし、子どもから学習を戻した場合も、「やっぱり、うちのクラスの子どもには無理だった」と考えるのではなく、「次の時間に自分で学習を進められるようにするためには何をすればよいか」と考えて、学習を戻すことが大切です。

上のノートは、2桁×2桁の学習で、ある子どもが書いたノートです。

この子どもは、「2桁×2桁でやったことが、3桁×3桁でも同じようにできるかな?」と考えて、3桁×3桁の問題を作って解いたのです。

見るとわかると思いますが、被乗数と乗数のそれぞれの位の数どうしをかけて、最後に合わせるという方法で考えています。2桁×2桁でもこの方法で考えた

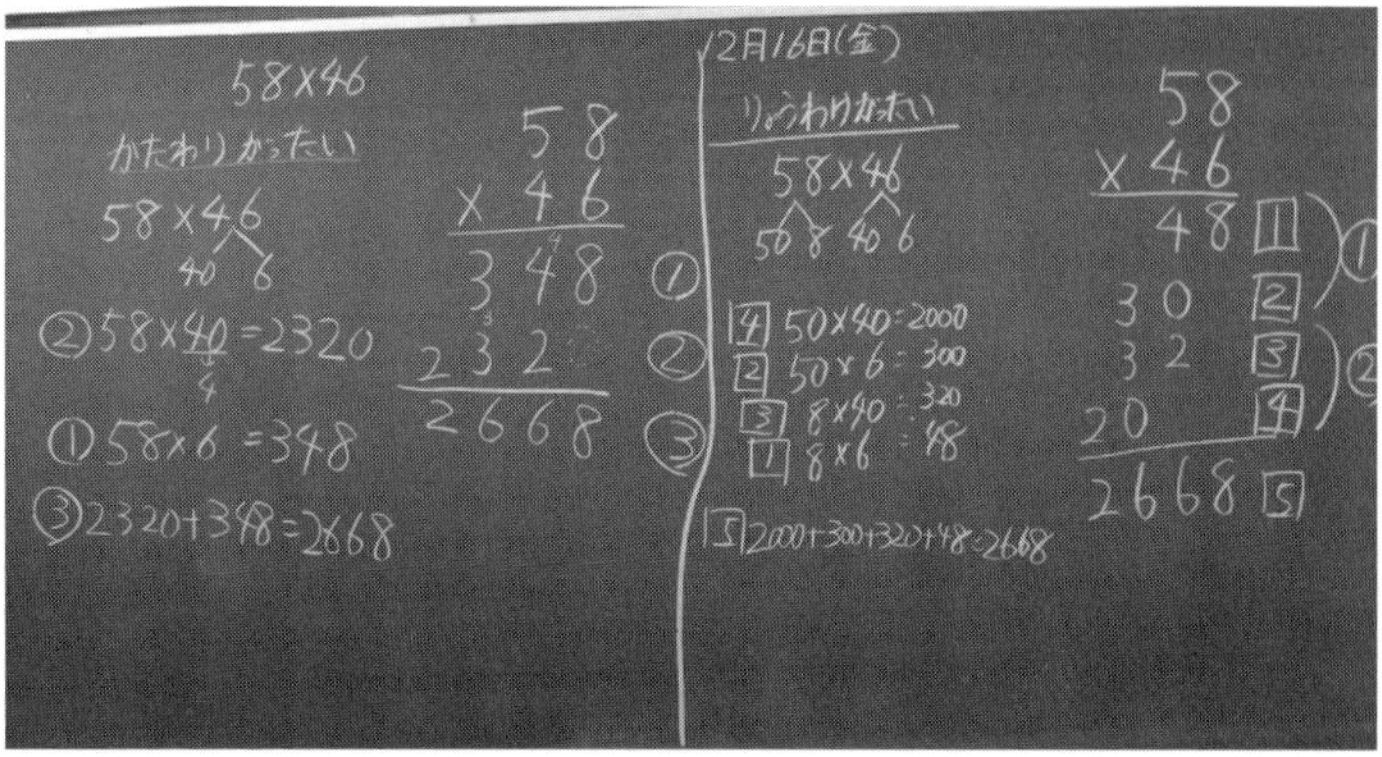

ので、3桁×3桁でもやろうと考えたのです。この「前の問題で使えたことが、どこまで使えるのか確かめてみよう」という姿勢は素晴らしいのですが、3桁×3桁で、すべての位の数どうしをかけて、最後に合わせるという方法でやろうとすると、かなり複雑になります。9回かけ算をして、最後にたさなければなりません。この子どもも、どこまで計算したのかわからなくなってしまい、間違えていました。

　この子どもだけなら個別に教えればよいと思ったのですが、桁数を増やした問題に取り組んでいた多くの子どもが同様の方法でやっていました。筆算の仕方を共有していなかったので当然です。この状態では、この後の学習に支障が出るのは明らかでした。そこで、**次の時間は一斉授業に戻し、筆算の仕方を全員で共有することにしました。**

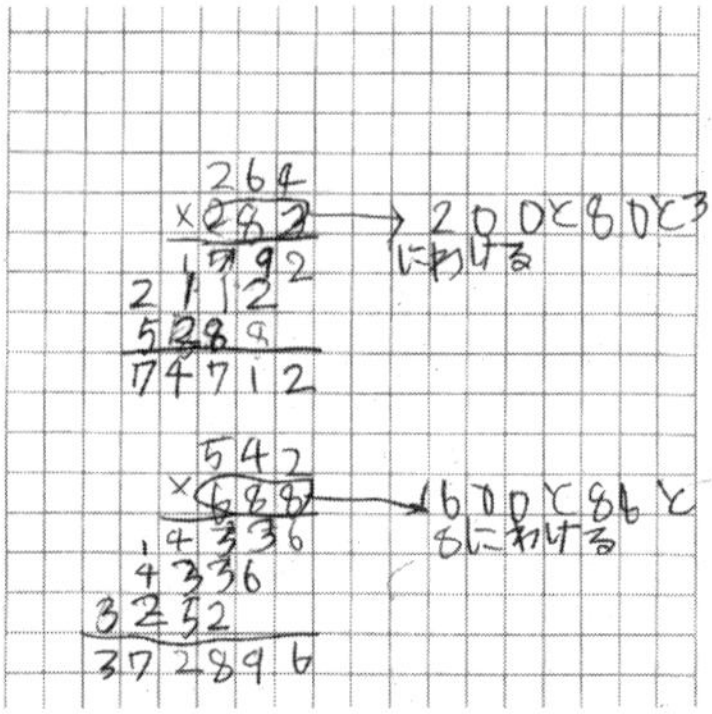

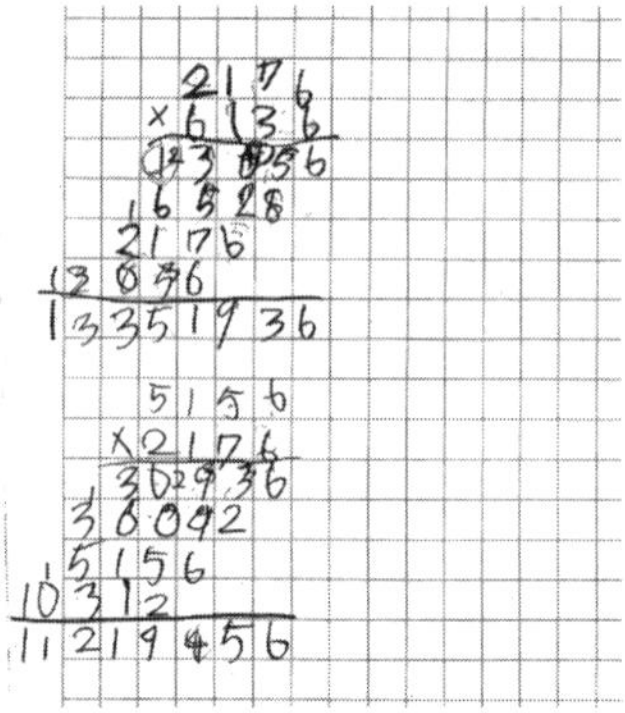

前頁上の写真が、次時の時間の板書です。板書左の筆算が、一般的な筆算の方法です。板書右の筆算が、前時で多くの子どもがやろうとしてわからなくなってしまった筆算の方法です。二つの筆算の仕方を見比べて、どちらのやり方がわかりやすいのかを考えさせました。その上で、次時は個別学習に戻しました。

上のノートは、先述したノートを書いた子どものノートです。3桁×3桁の筆算の解き方が変わり、正確に筆算ができるようになっています。ただ筆算の仕方を覚えているだけでなく、言葉で筆算の仕方を書き、右側では、4桁×4桁の筆算にも自ら取り組んでいます。

子どもに学習を委ねる勇気と、子どもから学習を戻す勇気は、どちらも必要です。ただし、忘れてはいけないことは、**生涯にわたって能動的に学び続ける力を**

養うために、目の前の授業で何をしていくかを考えることです。そのためには、一斉授業でも、個別学習でも、自由進度学習でも、その先の学習において、子どもが自ら学び続ける力を養うために、目の前の授業はどうあるべきかを考えることです。毎回の学習で子どもも自らが新しい知識を創り出す姿を期待したいものですが、そういう学習にならないこともあります。また、なかなか自分では新しい知識を創り出すことが難しい子どももたくさんいます。だから、**「今日は教えて、明日は子ども自身が創り出せるようにする」**というぐらいの気持ちでいれば、子どもも教師も余裕をもって学習に臨むことができるようになります。

知識だけを詰め込む教育は意味がありません。なぜなら、いくら知識をもっていても、それを使う術をもっていなければ宝の持ち腐れだからです。しかし、知識をもっていなければ考えることもできません。言葉も知識、計算も知識、様々な知識を使って人は課題解決の方法を考えます。そして、課題解決を自らの力で行うために学び続けるのです。学び続けるためには、知識も当然必要です。ですから、知識も含め、子どもがつまずいていると感じたときは、子どもから学習を戻す勇気をもちましょう。

「子どもが自ら学習している姿」だけに惑わされず、教師の力を信じることも大切です。

これから考えていくべき学びの形

	同期型 コミュニケーション	非同期型 コミュニケーション
対面	従来型の一斉指導	環境による教育
遠隔	オンライン授業など	オンデマンド授業など

上の図は、奈須（2023）が示したものです。奈須（2023）は、この表の右上の「環境による教育」のあり方について、今後考えるべきであるということを述べています。「環境による教育」というのを、もう少し詳しく説明するために、まずは、対面と遠隔、同期型コミュニケーションと非同期型コミュニケーションについて解説します。

対面というのは、人と人が顔と顔を合わせている状態です。いつものクラスの中の状態と言えるでしょう。遠隔というのは、場所はバラバラで、オンラインで人と人がつながっている状態と考えてください。

次に、同期型コミュニケーションというのは、誰かが話せば、相手が同時に聞いている状態です。講義もそうですし、みんなで集まって一斉授業をしているときもそうです。非同期型コミュニケーションというのは、必要なときに必要な人に働きかける状態です。一人で学習をしていて、わからないことがあったときに、そのことを知っていそうな人に声をかけて聞く状態です。

環境による教育とは、みんなが教室にいる状態なのですが、一人ひとりの子どもが自分の課題をもち、その課題を解決するために、必要なときに必要な人と関わり合うという学びの形ということです。私が行っている**算数の個別学習は、まさに対面と非同期型コミュニケーションを組み合わせた形**で行っています。次頁の写真がその様子です。

まずは一人で問題に取り組み、解けたら自分の席のまわりの人と解き方を共有して、問題解決のために働かせた数学的な見方を顕在化したり、解き方や答えを保証したりします。問題を自分で発展させられないときは、教室内を歩き、自分が興味をもった問題を作っている人が見つかったら一緒に問題を解きます。もちろん、そこに普段の人間関係をもちこむ子どももいます。それは悪いことではないですが、なるべくいろいろな人と関わり、自分では発見することができなかった、多様な考え方に触れる楽しさを味わわせていき、少しずつ、課題を解決するために必要な人と関わる力を養っていけるように声かけをしています。

「非同期型コミュニケーションなら、遠隔でいいんじゃない？」と思う方もいらっしゃる

かもしれません。確かに、解き方を共有したり、問題を作ったりするだけならば、遠隔でもいいかもしれませんし、画面上のやり取りだけで済むかもしれません。しかし、私はそれでも対面でやる大切さがあると考えています。それは、**対面だからこそ聞こえるノイズ**です。

対面で学習していると、自然と自分が話している人以外の人たちが話している会話が聞こえてきます。遠くの方で「すごい！」という声が聞こえれば、気になってそこに足が向かうでしょう。実は、こういったノイズによって、子どもは無意識に情報をたくさん得ています。もし、画面上のやり取りだけであれば、自分の意図した情報しか得ることができません。

対面で学習するというのは、**自分で意図していない情報にも触れられるというよさ**があるのです。そして、それが見方・考え方を働かせるきっかけとなり、「深い学び」につながることもあることは、授業をしたことがある方ならば共感いただけるのではないでしょうか。

とは言うものの、対面と非同期型コミュニケーションを組み合わせた学びの形は、自分で学ぶ力が試されます。黙って座っているだけでは、多くの情報を獲得することはできません。ノイズが聞こえたら移動して聞きに行く、ある意味では野次馬根性も必要なのです。

生涯にわたって能動的に学び続けるためには、問題発見・解決能力とともに、課題を解決するために他者と協働する能力も大切です。この、対面と非同期型コミュニケーションを組み合わせた学びの形を通して、問題発見・解決能力、そして、他者と協働する能力を養っていくことが重要なのです。

子どもたちが学び合えるための学習風土づくり

対面と非同期型コミュニケーションを組み合わせた学びの形は、自分で学ぶ力が試されると同時に、集団の学びの力も試されます。「ねぇ、どんな解き方したのか教えてよ」と言った子どもに対して、「人の解き方をパクるなよ！」と言う子どもがいたら、子どもたちが学び合う学習は成立しません。また、問題を解くことができなかった子どもが助けを求めた際、誰も教えてくれなかったら、その子どもは何も学習することができません。

また、問題を解くことができなかった子どもに対して教える子どもがいても、教わる子どもが聞いているだけでは、あまり意味のある学習になりません。**自分で問題が解けなかった子どもも、解き方を聞いた後は自分でも説明し直したり、解き直したりする学習態度が身に付いていることが大切**です。

では、こういった学習風土は、子どもに任せておくだけで学級内に根付くでしょうか。たぶん、難しいでしょう。こういった学習風土を学級内に築くためには、一斉授業において、教師が意識的に指導していく必要があります。

例えば、笠井（2023）は、授業の改善案として、次のe～gの三点を示しています。

e．子供が考えたことを発表した後、先生は、子供の説明が理解できたのかどうかを確認し、その子供の説明の中で不明確な部分について「～はどうですか」と全体に問い、別の子供が説明する授業

f．分からない子供が分かるまで繰り返し説明させ、どういう説明なら、わからない子供に分かりやすいかを子供たちに伝える授業

g．友達の分かりやすい説明を受けてペアで互いに説明し合う場を設けるなど、すべての子供が分かりやすい説明をする場面を取り入れる授業（傍線は筆者加筆）

傍線部分が、具体的な指導内容ですが、eは「答えさえ出ればよい」、fは「自分さえできればよい」という価値観からの脱却につながり、gは「自分でも表現する」という意識をもたせることにつながります。こういった声かけや活動を一斉授業で続けていくことで、子どもたちが学び合える学習風土を学級内に築いていくのです。

子どもに教えることは悪いことか

自分から人と関わることが苦手な子どももいます。だからこそ、対面と非同期型コミュニケーションを組み合わせた形を行う場合は、**教師は子ども同士をつなげる役目であることも意識しなければなりません。**

学習中に人と関わることが苦手な子どもには、いろいろなタイプがいます。一つ目のタイプは、自分から話しかけることが苦手なタイプです。このタイプの子どもは、教師から「今、どんなことやっているの？」と話しかけて、ある程度、自分の考え方がもてているのであれば、「じゃあ、○○さんの考え方も聞いてみるといいよ。同じようなことを考えていたよ」と言って、他の子どもとつなげてあげるといいと思います。

もう一つのタイプは、人と関わることはできるのに、問題解決ができないために人と関わることができない子どもです。休み時間は他の子と関われるけれど、学習中はうまく他の人と関われないのです。なぜなら、問題も解けない、何がわからないかもわからない、だから、関わろうとしても何を聞いていいかわからないのです。関わったとしても、自分の考えがないので、ただ他の人の話を聞いて、ノートを写しているだけになっているのです。

問題解決ができずに人と関わることを躊躇している子どもがいたら、「**一緒に問題を解いて、子どもが説明できるところまで確認し、「わかった！」となったら、「じゃあ、他の人の解き方も聞いてごらん」とつなげてあげればいい**のではないでしょうか。

平均の学習で個別学習を行った際に「花子さんの野球チームの最近6試合の得点は、『1点、4点、0点、5点、3点、2点』でした。花子さんの野球チームは、最近6試合の1試合平均で何点取ったことになりますか」という問題を扱いました。

前時に一斉授業で平均の導入をして、平均の意味を共有していましたが、ある子どもは、まだ平均の意味をよく理解できていませんでした。しかも、この時間の問題は、0を含む平均の問題でした。そこで、その子を呼んで、前時に共有した「平均というのは、すべて同じ量と仮定したもの」という意味に基づきながら、「0点の試合をなかったことにしてもいい？」と聞き、私が解説しながら一緒に問題を解きました。また、平均を出した後、「野球の試合の得点が小数になることはおかしいけれど、すべての試合の得点が同じだと仮定すると、小数にしないと表せないから、日常では小数で表さないものも、平均では小数で表すことがあるんだよ」と教えました。そして、私が説明したことや教えたことを、その子どもに「先生に一度説明してごらん」と伝え、子どもに説明させることで、理解できているかを確認しました。

ここまでした後に、他の子どもとつなげて「一緒に問題を発展させてみるといいよ」と伝えました。すると、他の子どもと一緒に、テストの平均点の問題を作っていました。そのときも平均点が小数になっていたので、「テストの平均点が小数でもいいの？」と聞くと、野球の得点と同様で、「全員が同じ点数と仮定して考えているから、平均点は小数になることもある」ということを説明してくれました。

今までの学習というのは、教師が子どもに教えることが悪いことのような風潮があったのではないでしょうか。特に、算数はそういう雰囲気が強かったように感じます。もし、研究授業で教師が子どもに教えたら、「あれは子どもが発見していない。教師が教え込んだ」と言われ、かなり強く否定されていました。

確かに、既習の学習内容や、それまで働かせてきた数学的な見方を働かせながら、新しい知識を子どもが創り出せることが理想ですし、そういう学習を目指すことが大切です。

そういった学習が、算数で養うべき資質・能力を育てることにつながるからです。しかし、そういう学習が難しい子どももいます。既習の学習内容や数学的な見方を働かせて、**新しい知識を自分で創り出すことが難しい子どもであれば、まずは新しい知識を教えてあげることも必要**ではないでしょうか。

まずは教えてあげて、その次の問題を自分で解けるようにさせたり、次の授業で、新しい知識を自分で創り出せるようにさせたりしてあげることが大事なのではないかと思います。もしくは、まずは「できた」という自信をもたせることから始めることだって、とても大切なことだと考えています。

人と関わることが苦手な子どもには様々なタイプがあります。その中で、もし自分で問題が解けずに人と関わることができない子どもがいたのであれば、**まずは教えてあげて、人と関われる礎を築いてあげることも大切**です。教師から教わったとはいえ、自分の中で解き方をもてれば、他の人と関わるハードルはかなり低くなります。そういったことの積み重ねが、対面と非同期型コミュニケーションを組み合わせた学習を支えるのです。

第3章

各教科等の
教育の必要性と
探究学習

汎用と特質

子どもの頃、学校で授業を受けながら「この学習って何に役立つんだろう？」と思ったことはありませんか？ もしかすると、皆様の前にいる子どもの中にも、同じように思っている子どもがいるかもしれません。我々教師だって、心の底では、「この学習って本当に必要かな？」と思っていることがけっこうあるのではないでしょうか。

大人になって、仕事や生活で台形の面積の公式を使った人はどれだけいるでしょうか。もちろん、一般教養として知っておいて損はないでしょう。でも、台形の面積を求めるための公式は、そこまで汎用性のある知識ではありません。

そういうことを言うと、「だから教科はあまり意味がない」といった話になってしまいます。だから、子どもが自分たちで興味・関心がある現実問題を解決することを通して、必要なときに知識を学んだ方がよいという意見が強く言われるようになります。子どもが現実問題を解決するような学習自体は私も大賛成なのですが、それが**イコール「教科は不**

要」という話になるのは、ちょっと危険だなと思います。

これは、資質・能力についての話をするときにも同様なことが言えます。学習指導要領（文部科学省２０１７ａ）の第１章第２の２「教科等横断的な視点に立った資質・能力の育成」には、次のようなことが書かれています。

> 各学校においては、児童の発達の段階を考慮し、言語能力、情報活用能力（情報モラルを含む。）、問題発見・解決能力等の学習の基盤となる資質・能力を育成していくことができるよう、各教科等の特質を生かし、教科等横断的な視点から教育課程の編成を図るものとする。

この文章の中の「言語能力、情報活用能力（情報モラルを含む。）、問題発見・解決能力等の学習の基盤となる資質・能力」という言葉から、この三つの資質・能力が、教科の枠を超えた汎用性のある資質・能力であり、この三つの資質・能力のみが、将来にも役立つ資質・能力であるというように受け取られる場合もあります。

確かに、この三つの資質・能力は、各教科等の学習場面においても不可欠な資質・能力です。言語能力があれば、自分の考えをまとめたり、相手に伝えたりすることができます。情報活用能力があれば、自分で必要な情報を集めたり、分析したりすることもできます。そして、**問題発見・解決能力があれば、自ら興味・関心をもって学習に取り組み、学習のつながりを意識しながら新しい知識を創り出すことができる**でしょう。では、これらの資質・能力を育てる場はどこにあるのでしょうか。こういった資質・能力を育成するために適している場こそ、各教科等の学習なのではないでしょうか。

各教科等の必要性

私は、学習の基盤となる三つの資質・能力を育成するために、各教科等が果たす役割は大きいと考えています。各教科等の特質に応じた見方・考え方を働かせる「深い学び」を通して育成するのが資質・能力です。ですから、教科は必要です。必要というよりも、**学習内容（コンテンツ）が体系立てて整理されている各教科等は、見方・考え方を働かせやすいので、資質・能力を育成しやすい**のです。

例えば、世界の環境問題について考えたいと思った子どもが、各国の二酸化炭素の排出量を調べるとします。そうすると、どの国がどのぐらいの二酸化炭素を排出しているのかを表した円グラフを見ることになるでしょう。子どもが円グラフの読み方を知る必要があるタイミングで学べば、円グラフの読み方を、必要感をもって学ぶことができます。しかし、「円グラフの読み方さえ分かればよい」となってしまったら、算数の学習としてはあまり価値のある学習とは言えないでしょう。子どもが必要感をもっていたとしても、単なる知識の詰め込みになってしまう恐れがあるからです。

子どもが必要感をもって学習に取り組むことは大いに賛成ですが、同時に、子どもが獲得する知識の本質的な理解をすることも大切にしたいと考えます。そこに、各教科等の価値があります。必要な知識を知るとき、ただ言葉や形式を覚えるのでなく、各教科等の特質に応じた見方・考え方を働かせながら、**「どうしてこの知識は使えるのか？」「他にはどんなときに使えるのか？」ということまで考えられる子どもになってほしい**のです。円グラフであれば、「どうしてもとにする量が違うのに、すべて同じ円で表せるのか？」「円グラフは、もとにする量が違っても割合を使って比べやすいから、今と昔の様子を調べるようなときにも使えそうだな」と考えられるようになってほしいということです。

しかし、いきなりそういった子どもの姿を期待することは難しいでしょう。だからこそ、日々の教科教育の中で、「答えが出たら終わり」にするのではなく、**知識が使える根拠や背景を考え、他の知識と結び付けながら構造化させていくような「学び方」を学ぶことをしていくこと**が大切なのです。

「今日の学習を使えば、次はどんなことができるかな？」と考えて、自ら学習を進め、新しい知識を創り出せるようにするには、やはり学習内容が体系的に整理されている各教科等は、見方・考え方が働かせやすいので、資質・能力を育成するための手段として最適なのです。学習内容が体系的に整理されている各教科等の学習をすることで、学習の基盤となる三つの資質・能力とともに、各教科等の特質に応じた資質・能力も育成されるのです。

もし、子どもの興味・関心に基づいた現実問題を解決することだけを通して、学習の基盤となる三つの資質・能力を育てようとすると、かなり非効率というか、知識偏重の学習になってしまう恐れもあるのではないかと考えています。

学習の基盤となる資質・能力と各教科等の特質に応じた資質・能力を育成するための実践

5年生では、四角形と三角形の面積の学習をします。平行四辺形、三角形、台形、ひし形といった基本図形の面積の求め方を考えるとともに、それぞれの基本図形の求積公式を考える学習を行います。その際、「図形を構成する要素などに着目して、既習の求積可能な図形の面積の求め方を基に考えたり、説明したりすることが大切」（文部科学省2017b）です。よって、基本図形の面積の求め方と公式を考える学習において働かせるべき数学的な見方としては「面積が求められない形は、求積可能な図形に変形する」「図形の性質に基づきながら、図形の中にある長さに着目して公式化する」といったものが考えられます。

基本図形の面積の求め方と公式を考える学習において、**常にこれらの数学的な見方を意識していくことが大事**です。「一度働かせた数学的な見方（「面積が求められない形は、求積可能な図形に変形する」「図形の性質に基づきながら、図形の中にある長さに着目して公式化する」）がどこまで使えるのか？」と考えることで、既習とのつながりも意識できるようになりますし、「だったら、こんな形の面積の求め方や公式も考えられるのではないか？」と発展的に考えることもできるようになります。下図のように数学的な見方を意識することが、自然と数学的な考え方を働かせることにもつながるのです。**学習内容を串刺すための串の役割が数学的な見方で、串を刺し進める力が数学的な考え方というイメージ**です。

数学的な見方・考え方を働かせることで、「様々な問題を算数（数学）を使って解決する力」「どうしてそうなるのか？ということを論理的に考える力」といった力を育んだ上に、「学習したことや経験したことを使えば、自分は新しいことを創り出すことができる」といった算数科で養いたい資質・能力が育成されるのです。まさに、各教科等の特質に応じた見方・考え方を働かせることが、各教科等の特質に応じた資質・能力を育成することにつながるということです。

これらのことを考えて、5年生の基本図形の面積の学習を進めてい

きました。
まず行ったのは、L字型の面積の学習です。「L字型?」と思った方もいると思います。L字型の面積は4年生の学習です。どの教科書にも掲載されている有名な教材です。なぜ、5年生の面積の導入でL字型の面積の復習を扱ったかというと、「面積の学習で働かせる数学的な見方を顕在化させるため」です。

左頁の写真が、L字型の面積の学習を行った際の板書の一部です。「いろいろな求め方がありますね」ということをやるためではなく、「どんな数学的な見方を働かせて、L字型の面積を求めたのか?」ということを、子どもに自覚させたのです。

様々な求め方が出た後、解き方の共通点に目を向けさせると、「長方形にしている」という共通点が見えてきました。そこで、「どうして長方形にしたの?」と発想の源を問うと、「面積が求められるから」と答えが返ってきました。これこそ、面積を求めるときに働かせている数学的な見方です。そこで「面積を求められる形にしている」という言葉を板書に残しました。

また、板書中央の等積変形のやり方で考えた子どもの式が2×9となっていたことを取り上げて、「このままだと、どうやって考えたのかがわからない」ということを共有し、「9

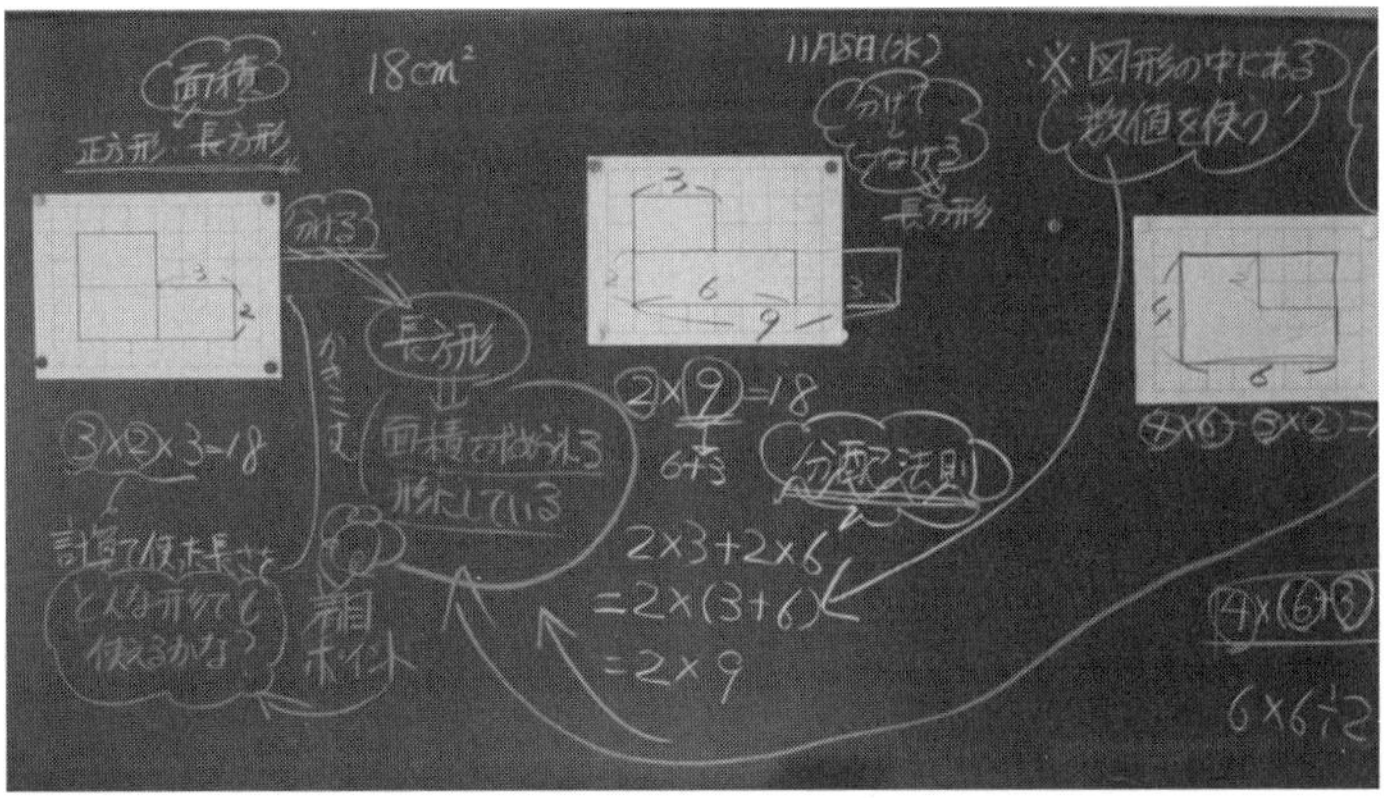

は3＋6で求めたのだから、2×(3＋6) と式に表す」ということを確かめました。この指導を通して、「図形の中にある数値を使う」という数学的な見方を共有しました。そして、公式を考えるときに不可欠な分配法則という知識についても共有したのです。

この「面積を求められる形にする」「図形の中にある数値を使う」という二つの数学的な見方（本学級では「着目ポイント」）を顕在化するために、L字型の求積の復習を行ったのです。

次頁の写真は、二時間目の平行四辺形の面積の求め方と公式を考える時間に、最初に書いた板書です。「前時で働かせた『面積を求められる形にする』という数学的な見方が、平行四辺形の面積の求め方を考えるときにも使えるのか？」ということを意識させた場面の板書です。「平行四辺形の面積を求めま

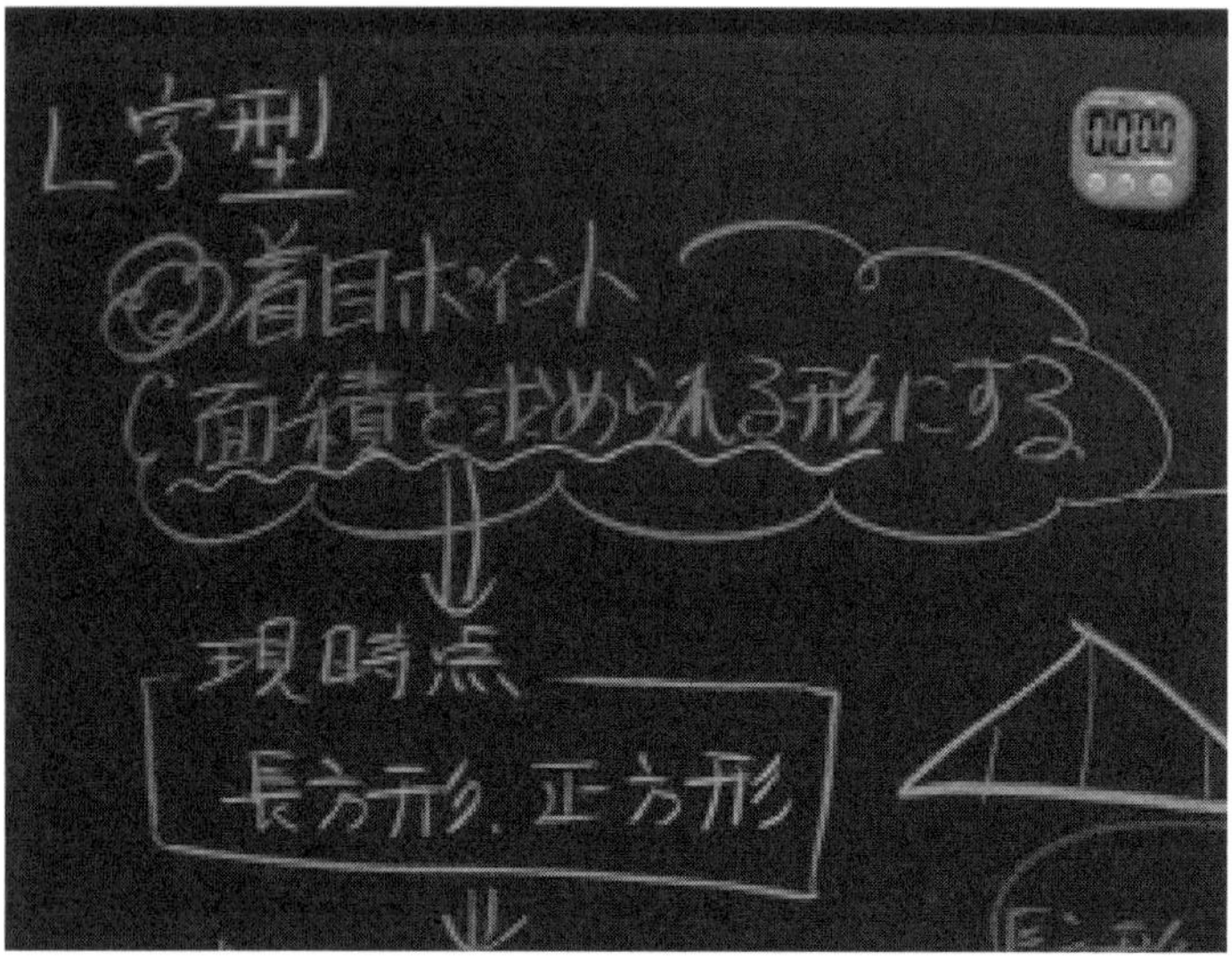

しょう」では意味がありません。「一度働かせた数学的な見方がどこまで働かせられるのか？」と考えることで、**面積の学習をつながりのあるものにして、子どもの中に学習の文脈をもたせることが重要**なのです。

　子どもたちが平行四辺形の面積の求め方を考えた後は、それぞれの求め方を共有するとともに、「面積を求められる形にする」という数学的な見方を働かせられたかを確認していきました。どんな子どもの考え方も、結局は長方形に変形していたので、「面積を求められる形にする」という数学的な見方は、平行四辺形の面積の求め方を考える際にも働かせら

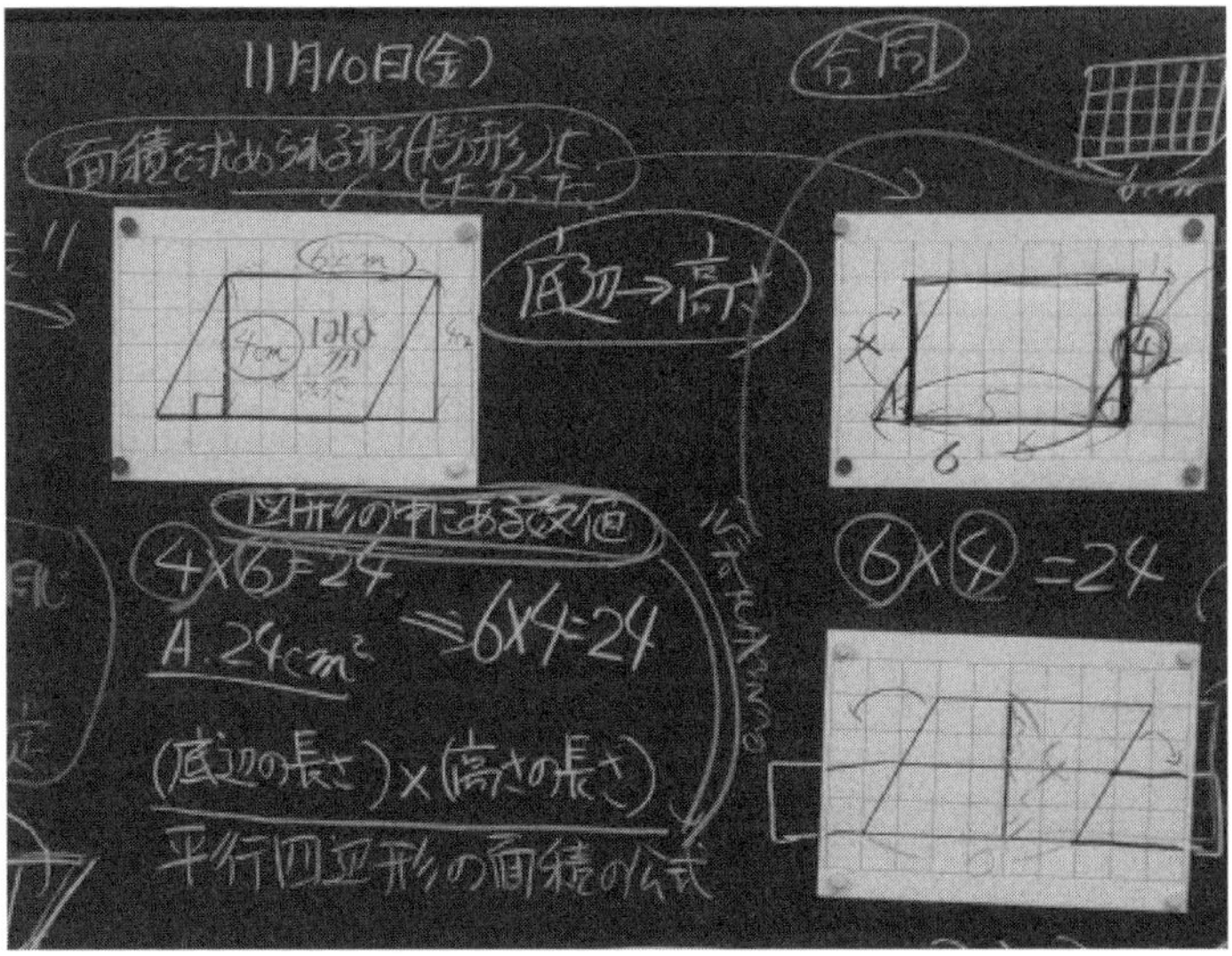

れたことがわかりました。

その上で、もう一つの「図形の中にある数値を使う」という数学的な見方が働かせられているのかを確かめました。上の写真が、その際の板書の写真です。平行四辺形を長方形に等積変形した後、長方形の横と縦の長さが、もとの平行四辺形の図形のどこの長さを使っていたことなのかを確認していったのです。その結果、平行四辺形の底辺と高さの長さを使っていたことがわかり、公式にしていったのです。このときも重要なことは、平行四辺形の公式という知識ではなく、**平行四辺形の公式をつくり出すために働かせた「図形の中の数値を使う」という数**

学的な見方が働かせられたかどうかです。そうなれば、「平行四辺形でも働かせられたんだから、他の形でも、同じように働かせられるのかな?」と学習のつながりを意識し、学習の文脈を子どもが描けるようになるのです。

次の時間は、高さが図形の外に出てくる平行四辺形の面積の求め方を考え、前時と同じように、長方形の等積変形をしながら、どんな平行四辺形でも「面積を求められる形にする」「図形の中にある数値を使う」という数学的な見方を働かせることができることを確かめた上で、「みんながつくった平行四辺形の公式は、どんな平行四辺形でも使える(一般化)」ということを確認しました。その上で、「次はどんな形の面積を求めることができそうか?」と発展的に考えることを問いかけました。「どんな形(多角形)も三角形でできている」ということを多角形の内角の和を考えた際に学習していたので、「次は、三角形をやるといい」ということになりました。

三角形の面積の求め方と公式を考える学習からは、個別学習を取り入れていきました。なぜなら、「面積を求められる形にする」「図形の中にある数値を使う」という数学的な見方を働かせることや、「面積の公式が見つかったら、他の形でも確かめて一般化する」ということ、面積の学習における「学び方」を、L字型と平行四辺形の面積の学習を通して共有していたからです。ここから先は、子どもに学びを委ね、自分で新しい知識を創り出す経験をさせることが重要だと考えました。

次頁のノートは、三角形の面積の求め方と公式を考えることを、個別学習で取り組んだ際に子どもが書いたノートです。しっかりと、「面積を求められる形にする」という数学的な見方を意識できているとともに、三角形を変形して平行四辺形や長方形にして面積を求める際に書いた式の中にある数値が、もとの三角形のどこの長さを使ったかを書き込んであります。このことからも、「図形の中にある数値を使う」という数学的な見方を働かせられていることもわかります。

この次の時間は、高さが図形の外に出てくる三角形の面積の求め方を考えることを通して、二つの数学的な見方が、どんな三角形でも働かせられることを確かめ、三角形の面積の公式の一般化を図りました。ここまでくると、「あとは同じように考えればできそう」という子どもがほとんどになり、残りの単元は個別学習で問題ないと判断しました。

この後の台形（第6時）、ひし形（第7時）、たこ形（第8時）の面積の学習はすべて個別学習にしました。個別学習といっても、まわりの子どもたちと一緒に協働的に学び、お互い

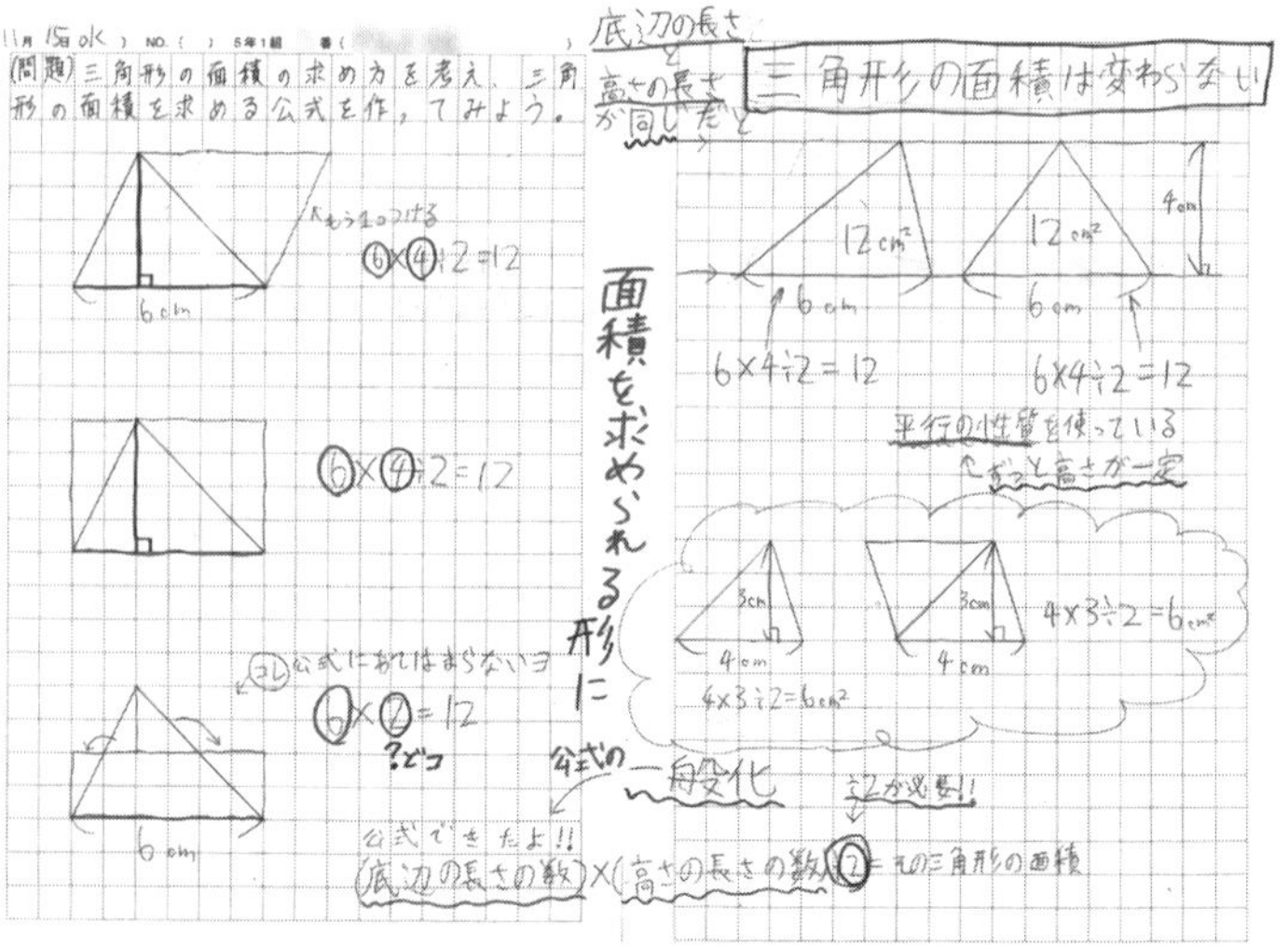

の考え方を共有しながら学習する学習形態です。その際も、子どもを放置するのではなく、自分で考えることが難しい子どもには、教師が面積の求め方を教えて（台形であれば、まず倍積変形して平行四辺形にする方法を教える）、子ども自身にも説明させ、さらに、子ども同士をつなげ、なるべく**多くの子どもが自分で台形やひし形の面積の求め方や公式を創り出せる**ようにしていきました。もちろん、いろいろな子どもがやっていることを板書やＩＣＴを使いながら共有することも行いました。

　次頁のノートは台形の面積の個別学習の際に、上のノートを書いた子どもが書いたノートです。「面積を求められる形にす

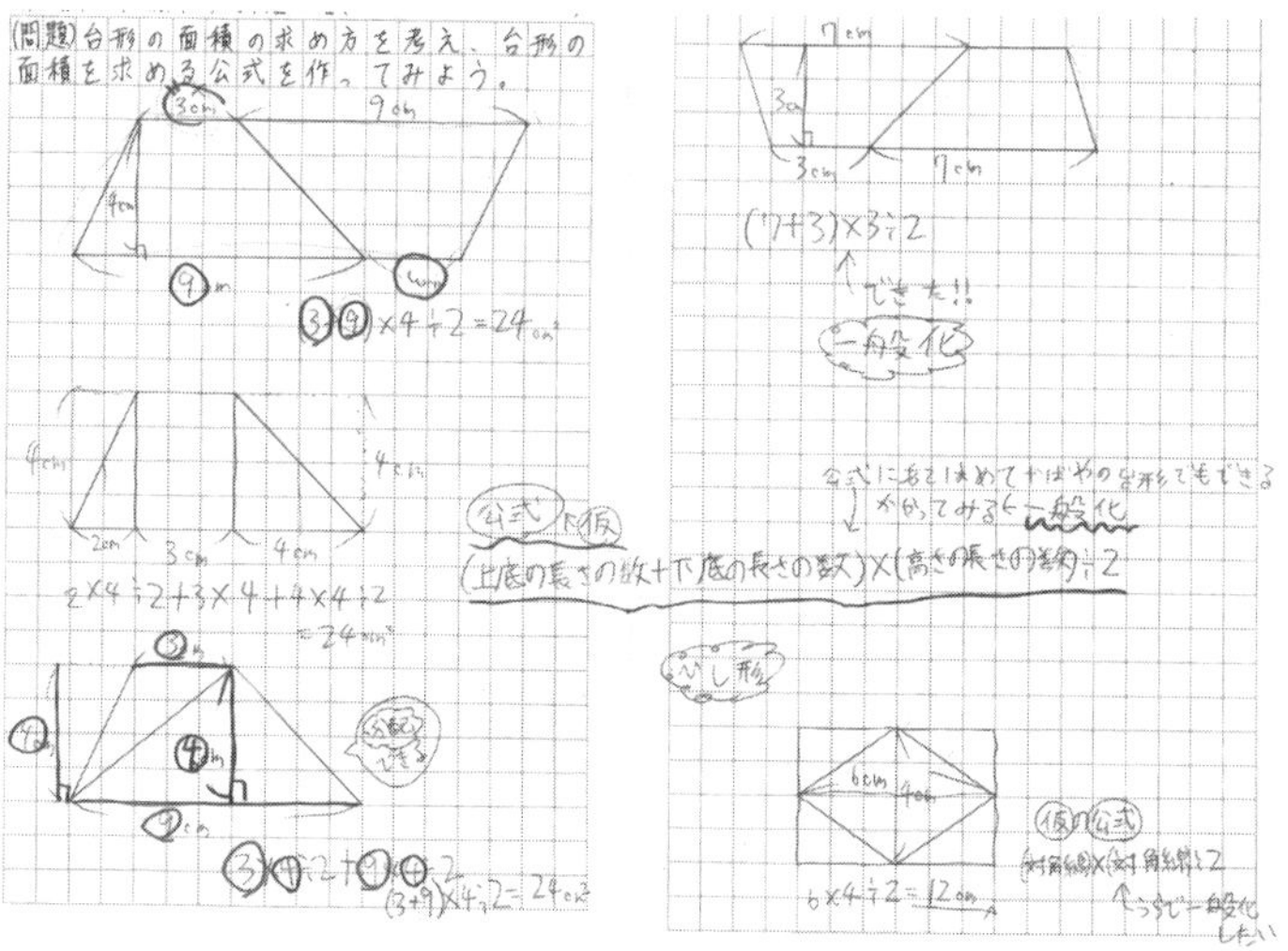

る」「図形の中にある数値を使う」という二つの数学的な見方を働かせられている姿が見て取れます。この子どものノート以外にも、ほとんどの子どものノートから、二つの数学的な見方が働かせられている姿を見取ることができました。ひし形の面積の学習の際も同様でした。多くの子どもが、数学的な見方・考え方を働かせることで、新しい知識を自ら発見する経験ができたのです。まさに算数科で養うべき資質・能力が育っている姿だと考えられます。

また、台形の面積の個別学習の最後には、多くの子どもがひし形の面積の求め方と公式まで見つけていました。上のノートを書いた子どもも、ノートの最後にはひし形を長方形に倍積変形して面積を求め、公式もつくっています。

数学的な見方・考え方を働かせることによって、**新しい知識を自分で創り出すと同時に、「だったら、こういうこともできるのではないか？」と学習を発展させることもできる**のです。まさに、生涯にわたって能動的に学び続ける力を、算数科を通して養っている場面でもあります。

ご紹介した実践では、単元の最初に顕在化させた数学的な見方を、単元を通して働かせ続けていきましたが、学習を進めながら数学的な見方を少しずつ変化させていくような場合もありますので、「最初に共有した数学的な見方は変えてはいけない」と思いすぎないようにしてください。

各教科等の学習は三つの汎用性のある資質・能力を育成することにつながったか

では、そもそもの話に戻してみますが、この面積の実践は、算数科で養うべき資質・能力以外にも、「言語能力、情報活用能力（情報モラルを含む。）、問題発見・解決能力等の学習の基盤となる資質・能力」という三つの汎用性のある資質・能力を育成することにつながっていたでしょうか。

まず、「様々な問題を算数（数学）を使って解決する力」「どうしてそうなるのか？ということを論理的に考える力」「学習したことや経験したことを使えば、自分は新しいことを発見することができる」といった、算数科の特質に応じた資質・能力を育成することにはつながっていたという点は問題ないと思います。その上で、三つの汎用性のある資質・能力を育成することにつながっていたでしょうか。

それぞれの資質・能力を育む場面を、以下にまとめてみます。

【言語能力】

基本図形の面積の求め方や公式を考える際、ノートに言葉を使って自分の考え方を書いたり、他の人に説明したりする際に、言語を使っている。

面積の求め方や公式をつくる際に働かせた数学的な見方を言語化している。

【情報活用能力（情報モラルを含む。）】

他の人の面積の求め方を知るために、各国の解き方をICTを使って共有し、情報を集めている。また、自分で面積の求め方や公式を求めることができなかった場合は、まわりの人に聞いたり、過去の学習の板書の写真や友達の投稿をICTを使って振り返ったりしている。

【問題発見・解決能力】

数学的な見方・考え方を働かせながら、解決した問題を発展させ、自ら問題を作り（台形の面積の次にひし形の面積について考える等）、解決している。

これらの姿は、学習する子どもが表出した姿のごく一部ではありますが、三つの資質・能力を育成する場面としては、十分に該当する姿ではないでしょうか。このことからも、**各教科等の学習を通して、三つの汎用性のある資質・能力を育成することは可能**だと考えます。

この三つの汎用性のある資質・能力を、各教科等を通して育成するために重要なことは、実は、各教科等の特質に応じた見方・考え方を働かせることなのです。各教科等ならではの学習をし、本質に迫る学習をするということです。そうすることによって、「解いて終わり」「調べて終わり」ではなく、自分の言葉で説明したり、お互いに情報を共有したりする必要が出てくるはずです。そして、自分なりの問題をもてるようになるはずです。

どの教科も、「解いて終わり」「調べて終わり」のような「学び方」はしないはずです。各教科等によって、「学び方」は異なります。しかし、その「学び方」を支えているのは、各教科等の特質に応じた見方・考え方です。子どもが見方・考え方を働かせることによって、どの教科においても、三つの汎用性のある資質・能力を育成することが可能なのです。

各教科等の関係性

各教科等で育成された資質・能力（学習の基盤となる三つの資質・能力とともに、各教科等の特質に応じた資質・能力）や獲得した学習内容は、教科の垣根を越え、教科等横断的に発揮されるでしょう。しかし、**各教科等で育成された資質・能力や獲得した学習内容を、現実問題を解決するために働かせる場面を用意することも重要**だと考えています。そうすることによって、学習したことを実生活や実社会で生かせる実感を子どもがもつことができるからです。

学校外の生活場面や、将来、現実の問題と向き合ったときに、学校で身に付けた資質・能力や学習内容を生かせるようにすることが重要です。そのために、学校では、その**プレ活動を行えるような場を設けることが必要**だと考えています。

そこで重要になるのが、総合的な学習の時間ではないでしょうか。各教科等で育成した資質・能力や獲得した学習内容を、総合的な学習の時間で行う探究的な学習で発揮させるのです。

総合的な学習の時間の目標の中に「横断的・総合的な学習を行う」という文言が入っており、その解説として、「この時間に行われる学習では、教科等の枠を超えて探究する価値のある課題について、各教科等で身に付けた資質・能力を活用・発揮しながら解決に向けて取り組んでいくことでもある。（中略）探究課題の解決においては、各教科等の資質・能力が繰り返し何度となく活用・発揮されることが容易に想像できる。」（文部科学省２０１７c）と示されており、各教科等と総合的な学習の時間の関係は次頁の図のようになると考えています。

総合的な学習の時間で探究的な学習をするためにも、各教科等で育成すべき資質・能力や獲得すべき学習内容というのは、各教科等でしっかりと学ぶべきです。同じ事象を扱ったとしても、各教科等によって働かせる見方・考え方は異なります。

本章の最初に提示した環境問題を考える際に扱う円グラフを読み取る際も、社会科と算数科では、働かせる見方・考え方が異なります。

扱う学習内容が同じだからといって、安易に教科の枠を外してしまうことは、あまり賛成できません。もし、事象が同じだという理由だけで、各教科等の枠を外してしまうと、

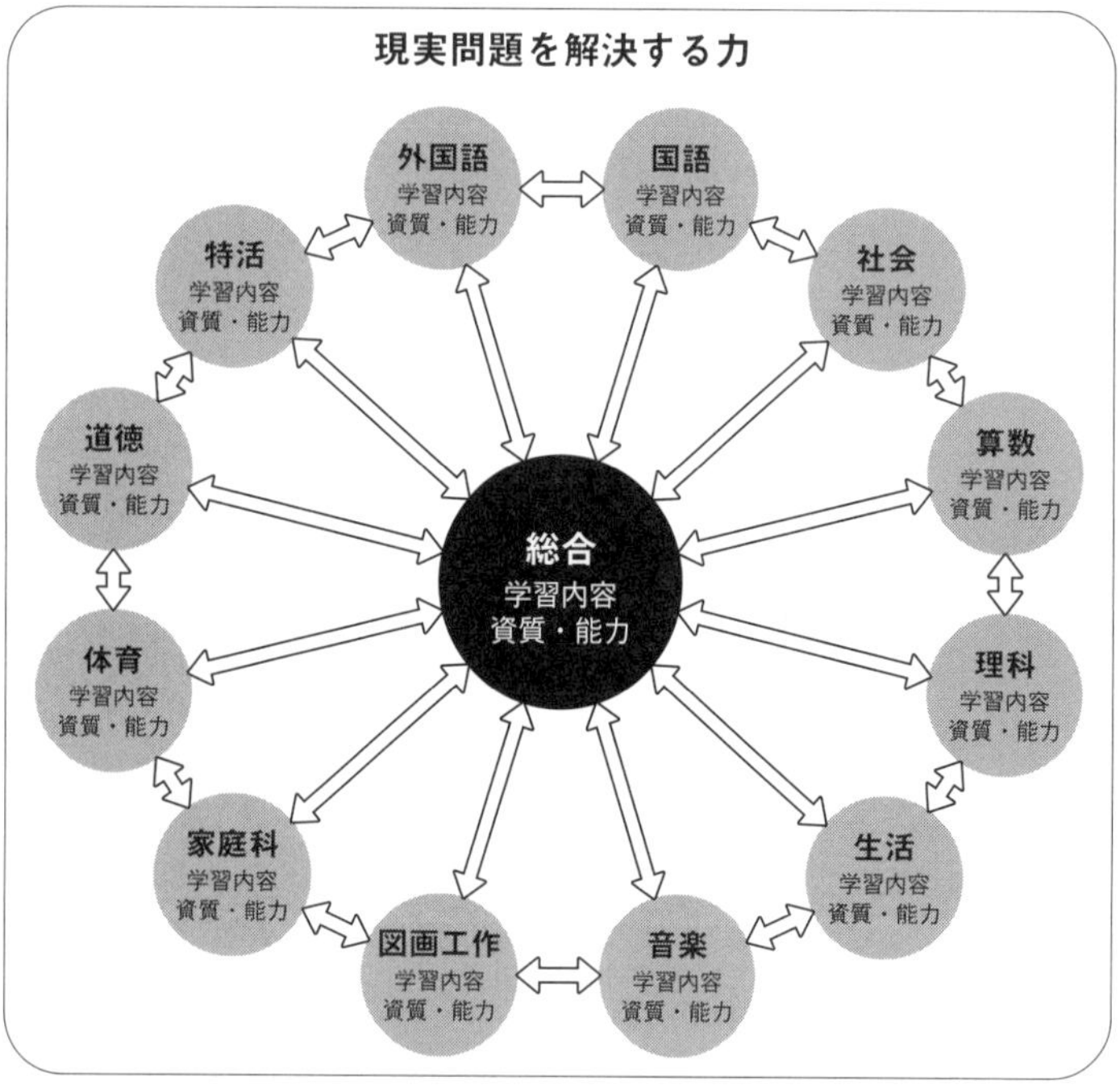

知識の伝達、もしくは、必要な知識を覚えるだけになってしまう恐れもあります。「自分の問題を解決するために、円グラフの読み方やかき方を知る必要があるから、円グラフの読み方とかき方を知ろう」と思った子どもは、円グラフの読み方とかき方を教えてもらうか調べて終わってしまう可能性があるということです。そこに、見方・考え方を働かせる姿を期待することは難しく、当然、各教科等の特質に応じた資質・能力を育

成することも難しいでしょう。だからこそ、しっかりと、各教科等の見方・考え方を働かせて、各教科等の特質に応じた資質・能力を育成すべきなのです。

各教科等の学習で育成した資質・能力や獲得した学習内容を、各教科等の学習で相互に使いながら、**総合的な学習の時間で、探究的な学習を行うことで、子どもの疑問や関心に基づいた課題を解決する経験をさせていきます。**そして、少しずつ、将来、現実問題を解決できるような力を養っていければと考えています。

２０２４年度から、東京都渋谷区の全区立の小中学校において、午後の授業を探究的な学習の「シブヤ未来科」に充てると聞いています。各教科等の学習とのつながりも含め、どのような学習になるのか、とても楽しみです。こういった動きが広がっていくことを強く感じています。

探究的な学習のあり方

探究的な学習における児童の学習の姿

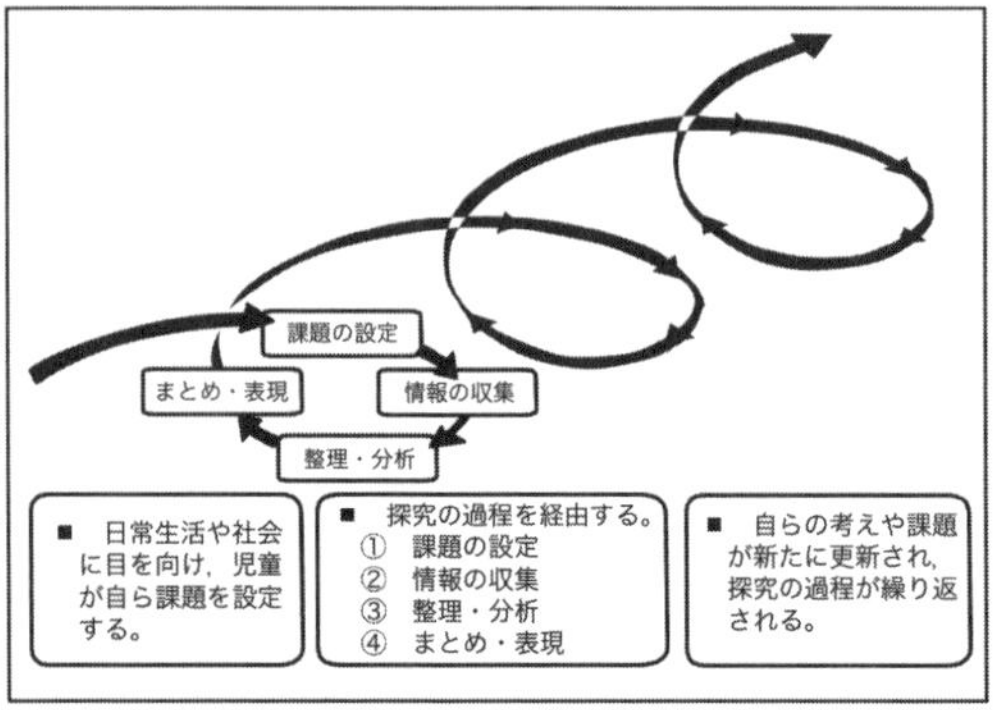
課題の設定
情報の収集
整理・分析
まとめ・表現
■ 日常生活や社会に目を向け，児童が自ら課題を設定する。
■ 探究の過程を経由する。
① 課題の設定
② 情報の収集
③ 整理・分析
④ まとめ・表現
■ 自らの考えや課題が新たに更新され，探究の過程が繰り返される。

上の図は、探究的な学習における児童の一連の学習過程を示した図です。

文部科学省（2017c）のこの図の解説を読むと、次のように書かれています。

児童は、①日常生活や社会に目を向けた時に湧き上がってくる疑問や関心に基づいて、自ら課題を見付け、②そこにある具体的な問題について情報を収集し、③その情報を整理・分析したり、知識や技能に結び付けたり、考えを出し合ったりしながら問題の解決に取り組み、④明らかになった考えや意見などをまとめ・表現し、そこからまた新たな課題を見付け、更なる問題の解決を始めるといった学習活動を発展的に繰り返していく。要するに探究的な学習とは、物事の本質を探って見極めようとする一連の知的営みのことである。

探究的な学習は、**課題の設定、情報の収集、整理・分析、まとめ・表現という探究のサイクルを回し続けることで、自ら課題を設定し、学習を進めていくことができるようになっていく**ということです。算数科にも「Dデータの活用」という領域があり、そこでは、統計的探究プロセスが重視されています。文部科学省（2017b）の解説には、統計的探究プロセスについて、以下のように書いてあります。

統計的探究プロセスとは、元々の問題意識や解決すべき事柄に対して、統計的に解決可能な問題を設定し、設定した問題に対して集めるべきデータと集め方を考え、その計画に従って実際にデータを集め、表などに整理した上で、集めたデータに対して、目的やデータの種類に応じてグラフにまとめたり、統計量を求めるなどして特徴や傾向を把握し、見いだした特徴や傾向から問題に対する結論をまとめて表現したり、さらなる課題や活動全体の改善点を見いだしたりするという一連のプロセスである。

探究的な学習と統計的探究プロセスの解説を読んでみると、左のような共通点が浮かび上がってきます。

・子どもの疑問や関心に基づいた課題設定
・課題を解決するための情報収集
・情報をまとめ、グラフや表などに表現
・一旦課題解決をした上で、更なる課題設定

このサイクルを繰り返し、物事を追究する。

この四つの活動を繰り返していき、子どもが自分の疑問や関心に基づいた課題を、各教科等の学習で育成した資質・能力や獲得した学習内容を使いながら解決するのです。何度も、こういった探究的な学習を経験することで、自ら課題を設定したり、課題を解決するための方法や「学び方」を学んだりすることが、現実問題を解決する力の育成につながっていくと考えています。

探究的な学習の一例

一つ、探究的な学習の実践を紹介します。本実践は、3年生の子ども数人が集まって、「自分のクラスの好きな給食を調べ、栄養士の先生、校長先生、副校長先生にお願いして給食に出してもらう」という目的をもって始めた探究的な学習です。

一回目の調査は、主食、汁物、主菜、副菜、飲み物、デザートの中で、どんなものが好きなのかを調査しました。その結果が、次頁のグラフです。そして、このグラフを基に「カレー、サラダ、ジュース、アイスが好きな人が多い」という、とりあえずの結論を導き出しました。そして、次の課題として「もうちょっと詳しいメニュー名がほしい。なぜなら、それがないと給食に出してもらうことができないから」という課題を設定していました。そして、具体的なメニューを決めるために、二回目のデータを収集し、とりあえずの結論として「肉野菜カレー、海藻サラダ、アップルジュース、フルーツポンチ」というメニューを栄養士の先生に提案しに行きました。その結果、次々頁のようなことを言われ

一回目データの結果

主食

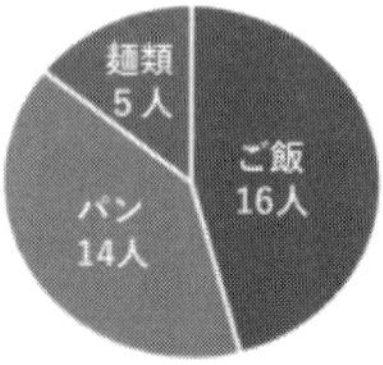

汁物

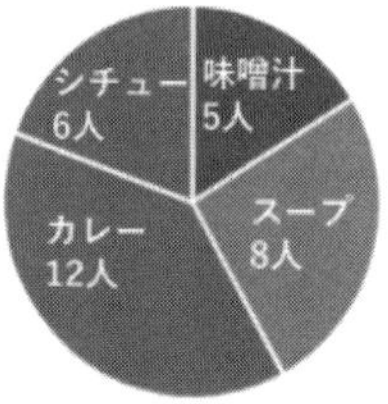

一回目データの結果

主菜

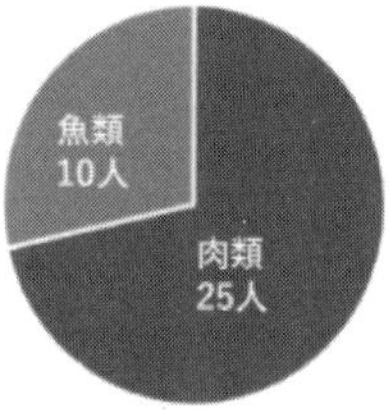

副菜

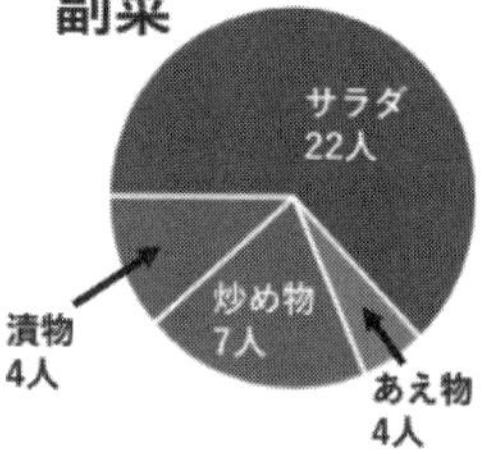

データの結果

飲み物

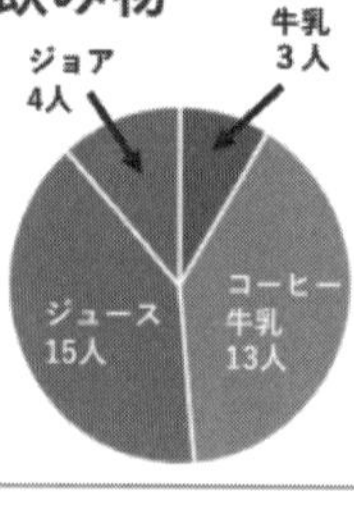

デザート

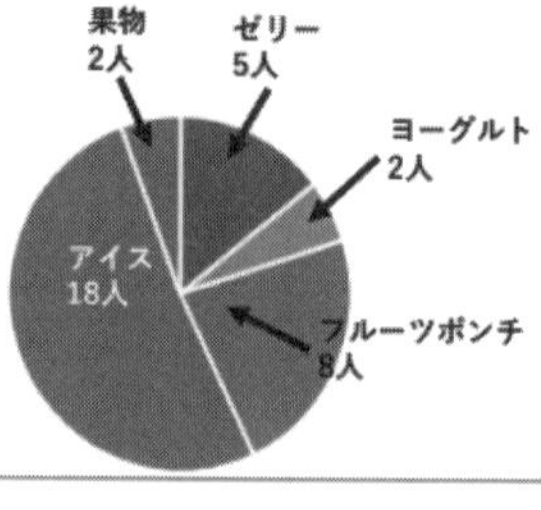

●●先生にインタビュー

今までで決まった献立「肉野菜カレー・海藻サラダ・アップルジュース・フルーツポンチ」を見せると・・・

献立的には素晴らしい。けれど調理員さん9人で3時間半以内で作れる献立・お金・お皿・栄養バランス・味のバランスも考えなければいけないと言っていました。

また少し、植物性たんぱく質が足りないといわれました。

たそうです

ここで注目すべきことは、栄養士の先生から、調理員さんの仕事量や、時間、お金、お皿、栄養バランス、味のバランスといった、**今まで子どもたちだけでは気付けなかった視点を提示されている点**です。ここまでの調査は、ある意味では「好きな給食の多数決」をしていました。数値だけで分析して、数値の大小によって結論を出していたのです。この後、子どもたちは、「たんぱく質のある副菜は何か?」「ビタミンの取れるカレーにするには何を入れるといいか?」ということを話し合い、「副菜は、たんぱく質が取れる大豆と雑魚の甘辛和え」「カレーは、ビタミンが取れるニンジンとタマネギが入っているキーマカレー」を再提案していました。

再提案をした際に栄養士の先生からもらったコメントと、その後の分析は次頁の通りです。ここでも、「いろどり」と「旬」という視点を新しく示してもらっています。これも、子どもたちだけでは気付けなかった視点です。
　分析内容を読むとアレルギーの人たちへの配慮がされています。これは子どもたちから出された視点ではありますが、この探究的な学習を通して、「様々な人のことを考える」という視点を得たのだと思います。

●●先生にインタビュー

この献立だと色が茶色ばかりになってしまう。そのため、旬の緑なものを入れたら？と提案されました。

カレーにはアスパラガスを刻んで入れる、もしくはさやえんどうを斜めに切って入れたらどう？と、
またフルーツポンチにはメロンを入れたらどう？と言ってくださいました。
五月に出してもらうためカレーに入っているニンジンとタマネギとジャガイモは旬だからこれはOKだそうです。

データの分析

アスパラガスとさやえんどうのどちらを入れるか9人で考えました 。その結果、アスパラガスになりました。
フルーツポンチに入れるメロンは アレルギーの人がいるとのことなので 今回は 入れないことにしました 。

結論

献立は「人参と玉ネギのキーマカレーの アスパラガスがけ・
大豆と雑魚の甘辛和え・
フルーツとナタデココのフルーツポンチ ・牛乳」に
なりました

前頁上が最後の結論で、実際に出た給食が下の写真です。栄養士の先生に聞くと、「大豆と雑魚の甘辛和えは、カロリーの問題でサラダに変更になりました。」ということでしたが、実際に給食を出すところまで実現させた子どもたちの充実感は、私の想像を超えるものだったと思います。

この実践を行ったのは、3年生の三学期でした。実際に給食が出たのは、年度が変わった4月でした。そのとき、私はこの子どもたちを担任していませんでしたが、わざわざ給食が出たことを報告しに来てくれたことを考えると、本当に嬉しかったのだと思います。

ちなみに、この「ニンジンとタマネギのキーマカレーのアスパラガスがけ」は学校初のメニューで、既存のメニューから選んだものではありません。そういうオリジナリティもすごいなと思いました。

熱量のある課題設定の難しさ

「子どもの疑問や関心に基づいた課題設定」「課題を解決するための情報収集」「情報をまとめ、グラフや表などに表現」「一旦課題解決をした上で、更なる課題設定」というサイクルを繰り返すことが、探究的な学習においては大切になるのですが、実践をしていて、子どもにとって最も難しいことは、最初の「子どもの疑問や関心に基づいた課題設定」をすることとです。学級の半分ぐらいの子どもは、課題設定をすること自体に難しさを感じていますし、課題設定ができた子どもでも、「本当にそのことを探究したいのか?」と問われれば、「言われたからやっている」というのが本音だと思います。

先掲した給食の探究的な学習を見るとわかると思いますが、何度も栄養士の先生からダメ出しをもらっています。しかし、この子どもたちはめげませんでした。なぜなら、「どうしても、自分たちで考えた給食を出したい!」という熱量があったからです。抽象的な言い方ではありますが、探究的な学習でいろいろな経験をしたり、様々な人の考え方を取り入れたりするためには、「これを知りたい！」「これを実現したい！」という熱量が大切です。

探究的な学習は、一人でできる子どもばかりではありません。他の子と一緒にやることを許すこと、そして、その子なりの探究的な学習を認めてあげることが、「学習は自分で進めたり、新しい知識を自分で創り出したりすることができる」という学習観を育てることにつながるのではないでしょうか。そうなると、「自分は世の中を変えられる存在である」という意識も少しずつもてるようになり、生涯にわたって能動的に学び続けられる人に育っていくのです。

先掲した給食の実践も、最初はある一人の子どもが考えた課題でした。しかし、なかなか自分でうまく課題設定ができなかった子どもたちが、「自分もやってみたい」と思い、一緒に加わっていったのです。最初に課題設定をした子どもが中心となって、探究は進んでいきましたが、栄養士の先生にプレゼンをしたり、アンケート結果を分析したりするときに、一人でないことが、多面的な分析の視点を得ることにつながり、プラスに働いているようでした。課題設定を自分ですることができなかった子どもにとっても、一緒に探究的な学習を進められたことは、「学び方」を学ぶよい機会になったはずです。

第4章

見方・考え方を働かせてカリキュラム・オーバーロードに対処する

カリキュラム・オーバーロードとは何か

カリキュラム・オーバーロードとは、社会の変化に伴って、学校教育において新しい内容を扱うことが求められた結果、カリキュラムに追加される内容が多くなると、児童・生徒が「浅く・広く」学ぶだけで、本質的な理解に至らないまま学習が終わってしまったり、教師が十分な準備ができないまま授業に臨まざるを得なくなったりして、教育の質の低下を招くことです（白井2021）。

ここ最近、カリキュラム・オーバーロードになっていることを、いろいろと実感している方も多いのではないでしょうか。「タブレットが導入されたから、使い方を指導しなくては」「『個別最適な学び』をしないといけないから、個別学習や自由進度学習をやらなきゃ」「全国学力調査の結果が芳しくなかったから、対策を考えないといけない」……。そんな対応に追われている先生はたくさんいます。

新しいことに取り組むことが好きな人にとっては、それほど苦痛にはならないかもしれませんが、それでも、やっぱり忙しいと感じているのではないでしょうか。正直、なかなかすべての授業に完璧な準備ができている状態で臨めることはありませんよね。

この状態で最も危惧されるのは、教材研究をする時間がないということではないでしょうか。**ＩＣＴを使おうが、個別学習や自由進度学習を行おうが、子どもの思考を見取り、価値付けていくためには、教材研究に裏付けられた子どもの見取りが不可欠**です。そのためには、教師の教材研究が必要です。

子どもにとっても、カリキュラム・オーバーロードは大きな問題です。いろいろな習い事をして、家に帰っても自分の時間があまりもてない子どもも多いです。また、学習を理解するのに時間を要する子どももたくさんいます。様々な背景を抱えた子どもが集まる学校において、カリキュラム・オーバーロードという問題は、子どもを苦しめる原因の一つともなっているのです。

カリキュラム・オーバーロードを解決する方法

カリキュラム・オーバーロードを解決するために大切なことは、「**学習内容を精選する根拠を明らかにすること**」です。学習内容が多すぎて、カリキュラム・オーバーロードになっているから、とにかく学習内容を削減しようとすると、必要な学習内容まで削減しかねません。また、子どもの理解度が低い学習内容だから削減するというのも乱暴です。どんなに子どもの理解が難しいものであっても、必要な学習内容であれば残すべきです。

ですから、「必要な学習内容かどうか」の判断基準が必要となるのです。そうでなければ、「とにかく減らそう」とか「難しいから減らそう」といった、根拠のない削減になってしまいます。白井（2021）は、各国がカリキュラム・オーバーロードの解決策として採用してきた方策の共通点から、主な解決策として以下の四つを示しています。

① カリキュラム内容の見直し

② カリキュラムのデザインにおける工夫
③ 学校や教師の裁量の拡大
④ カリキュラム策定に関する手続きの見直し

この中で、学習内容を精選する根拠として重要になるのは「②カリキュラムのデザインにおける工夫」だと考えています。

この、カリキュラムのデザインにおける工夫とは、扱われる学習内容のすべてを覚えることを目指すのではなく、**重要な概念や考え方を理解することで、一つひとつの知識をつなげ、系統性やつながりを意識した理解を目指す**ものです。一つひとつの知識を暗記するのではなく、重要な概念や考え方を使って「これも同じように考えられる」と理解するということです。この考え方、どこかで聞いたことがありませんか？ そうです、この考え方は、現行の学習指導要領が目指している、子どもの見方・考え方を働かせ、資質・能力の育成を目指す学習と親和性が高いのです。見方・考え方を働かせることで、「これも同じだな。だったら、こんなこともできそうだな」と子どもが考えやすい学習を重視して、学習内容を精選するのです。

見方・考え方を働かせるという視点で学習内容を精選する

見方・考え方を働かせると、学習内容を精選することが可能だと考えます。例えば、5年生で学習する「単位量あたりの大きさ」を数学的な見方という視点で見直すと、様々な問題場面において「二量の比例関係」という共通点が見えてきます。

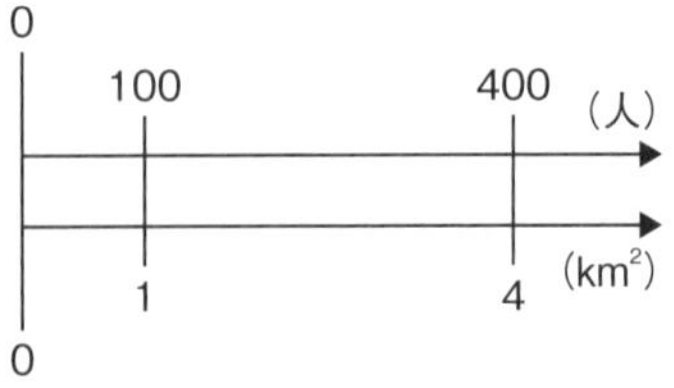

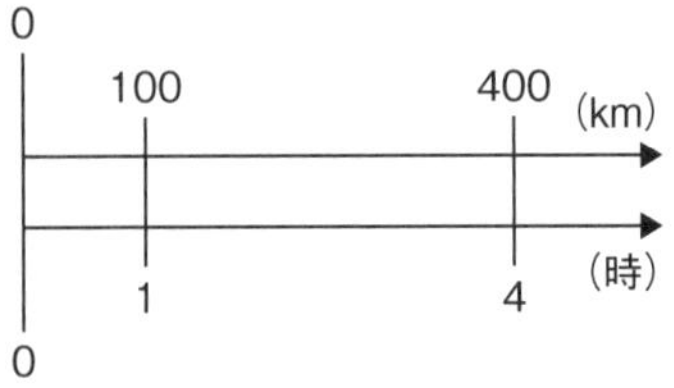

単位量あたりの大きさというのは、人口密度、速さ、仕事量など、様々な問題場面を扱いますが、これらの学習は、「二量の比例関係」という数学的な見方を働かせるという意味で「同じ」と見ることができます。

上の数直線をご覧ください。上の数直線は人口密度の問題を表した数直線です。下の数直線は速さの問題を表した数直線です。同じに見えませんか？　なぜなら、人口密度と速さは、「二量の比例関係」という数学的な見方で捉えれば同じだからです。

「二量の比例関係」という数学的な見方を働かせることで、どんどん共通点が見つかっていきます。「人口密度と速さは別だ」と捉えてしまうと、仕事量の問題と出会ったときに、「新しい問題だ」と思ってしまいます。そうなると、新たな問題を解かなければならなくなってしまうのです。しかし、「二量の比例関係」という数学的な見方を働かせて、人口密度と速さの学習を「同じ」と見られた子どもは、仕事量の問題を見たときに、「これは、時間と仕事量の二量の比例関係で解く問題で、人口密度や速さと同じ問題だから、同じように考えればいい」と判断することができるのです。

算数は、数学的な見方を働かせると、既習との共通点を見つけやすくなりますし、問題を発展させやすくなります。そうなると、**「これ以上はやる必要はない」という判断もしやすくなります**。自分で学習を止める判断もできるということです。そうなれば、今までやっていた学習を「やらない」という判断もできるようになり、学習内容を精選することにもつながるでしょう。

Less is more

実は、見方・考え方を働かせて、学習内容を精選するという考え方は、以前から言われていたことです。Less is moreという言葉を聞いたことがあるでしょうか。

日本語に直すと、**「少なく教えて、多くを学ぶ」**とでも言うのでしょうか。先程の例であれば、人口密度と速さを「二量の比例関係」という数学的な見方を通して「同じ」と見なすことで、どんな問題であっても、「二量の比例関係」という見方が働かせられれば、「同じ」ように解けるので、これ以上は類似問題を解かなくてよいわけです。

最初に提示したたし算も同じで、「〜を1とする」という数学的な見方を働かせられることが理解できれば、大量のたし算の問題を解く必要はないですし、「ひき算はたし算の逆算」ということを知っていれば、ひき算はそれほど多くの学習内容を学ぶ必要はないわけです。

といっても、やはり多少は練習問題をして習熟をする時間も必要でしょうし、類似問題を解いて、より一般化を図るような学習も必要でしょう。子どもの実態によっては、やはり一つひとつ問題を解いていくことも必要かもしれません。

ただし、「うちの学校の子どもはそんなことはできない」といって、大量の練習問題を解き続けるのは違うと思います。

まずは、見方・考え方を働かせて、**過去の学習とのつながりを意識させ、「同じ」を見つけ、「だったら○○も同じようにできるかもしれない」と、自ら学習を進ませる経験を一斉授業で積ませていきましょう。**最初は、ほとんどの子どもができません。できるようになるスピードも人それぞれです。一部の子どもが統合的・発展的に考える姿を見ているだけの子どもも多いでしょう。でも、続けていくと、きっと多くの子どもが、少しずつ見方・考え方を働かせる学習ができるようになり、「全部同じだから、これ以上はやらなくても大丈夫」と思えるようになるはずです。

全員ができるようにならなくたっていいんです。一人でも多くの子どもが、見方・考え方を働かせて、自分で学習を進められるようになれば、それで十分です。そうなると、少しずつカリキュラム・オーバーロードが解消されていくでしょう。

見方・考え方を視点にみんなで議論しよう

すべての子どもが、「これも見方・考え方を働かせれば一緒だから、あとは全部一緒だよね」と納得することはできないでしょう。

「あとはやらなくても大丈夫」と思えない子どもに対しては、**「これも同じようにできるのかやってみてごらん」と、系統性のある問題を提示してあげる**ことも必要です。

私は最低限やるべき内容は全国一律に決めておいて、その上で、学校単位で学習内容を決められるようになるといいのではないかと考えています。そして、決めた学習内容以上のことにも子どもが取り組めるように、個別学習や自由進度学習などを取り入れて、学習をどんどん進めていきたい子どもの興味・関心も保障していけるといいのではないでしょうか。

「カリキュラム・オーバーロードを解決するための話ではなかったの？」と思われる方もいるかもしれません。しかし、この話がとても重要です。カリキュラム・オーバーロードの話を、学習内容精選の話だけにするのではなく、**「子どもが見方・考え方を働かせ、自ら学習を進める力を養うために、どうすればよいか？」という視点で議論していくことが重要**だと考えています。

「この学習で働かせている見方・考え方を働かせれば、子どもはどこまで学習を進めていくことができるのか？」ということを考えていくことで、「どこまでやればよいか？」ということが見えてきます。その際、**「本当に、この学習内容をやれば、あとは同じようにできると子どもは考えられるのか？」**ということを批判的に見直していくことが重要になります。

清水（2023）の「数学的な見方・考え方が働き、その過程を通して数学的に考える資質・能力の育成を図ることができるので、この観点からの教材の価値を明らかにしておくことが欠かせない」という言葉の通り、「この学習は、見方・考え方を働かせ、資質・能力を育成する学習になっているのか？」という視点で学習内容を考え直すことが必要なのです。

見方・考え方を働かせて時数を削減する

カリキュラム・オーバーロードの解決には、膨れ上がった学習内容を精選することが必要ですが、なかなか学習内容を精選することは難しいです。だから、**数学的な見方・考え方を働かせることで、時数を削減することも考えてもよい**かもしれません。一単元に1時間の削減ができれば、学習内容が減らなくても、そこそこの余裕が生まれるのではないでしょうか。

一つ実践を紹介します。本実践は、5年生の小数のかけ算・わり算です。小数のかけ算・わり算というのは、働かせる数学的な見方がほとんど同じです。かけ算には「基準量×倍＝比較量」という意味がありますが、わり算は「かけ算の逆算」という意味しかありません。「基準量×倍＝比較量」というかけ算の意味に基づけば、比較量を求めるのがかけ算で、基準量と倍を求めるのがわり算ということになります。「わり算はかけ算の逆算」というのは、3年生のわり算の導入から意識されてきていることなので、子どもも自然と理解できていることが多いです。

小数のかけ算・わり算の計算の仕方を考えるときは、「小数は、整数と同じ十進位取り記数法で表現されているから、乗法や除法の計算は、単位、すなわち小数点の位置に着目してこれを移動し、整数に置き換えれば、整数の計算と同様な考え方で積や商を求めることができる。」（文部科学省２０１７）のです。よって、「整数にする」という数学的な見方を働かせることが重要です（計算の意味を考えるときは、「比例」や「基準量、倍、比較量」といった数学的な見方に着目する）。**「整数にする」という数学的な見方を「小数のかけ算では働かせられたのだから、わり算でも働かせられないかな？」と考えながら学習することが大切な**のです。

そのためには、小数のかけ算の単元を通して、「整数にする」といった数学的な見方を働かせて問題解決をするとともに、「整数にする」という数学的な見方を顕在化することが大事です。その上で、「小数のかけ算で働かせた数学的な見方は、小数のわり算でも同じように働かせられるのか？」という課題意識をもたせることが重要です。

次頁のノートは、ある子どもが書いた小数のかけ算の単元の振り返りの一部です。「小数を整数に直して考える」と書かれている通り、単元を通して「整数にする」という数学

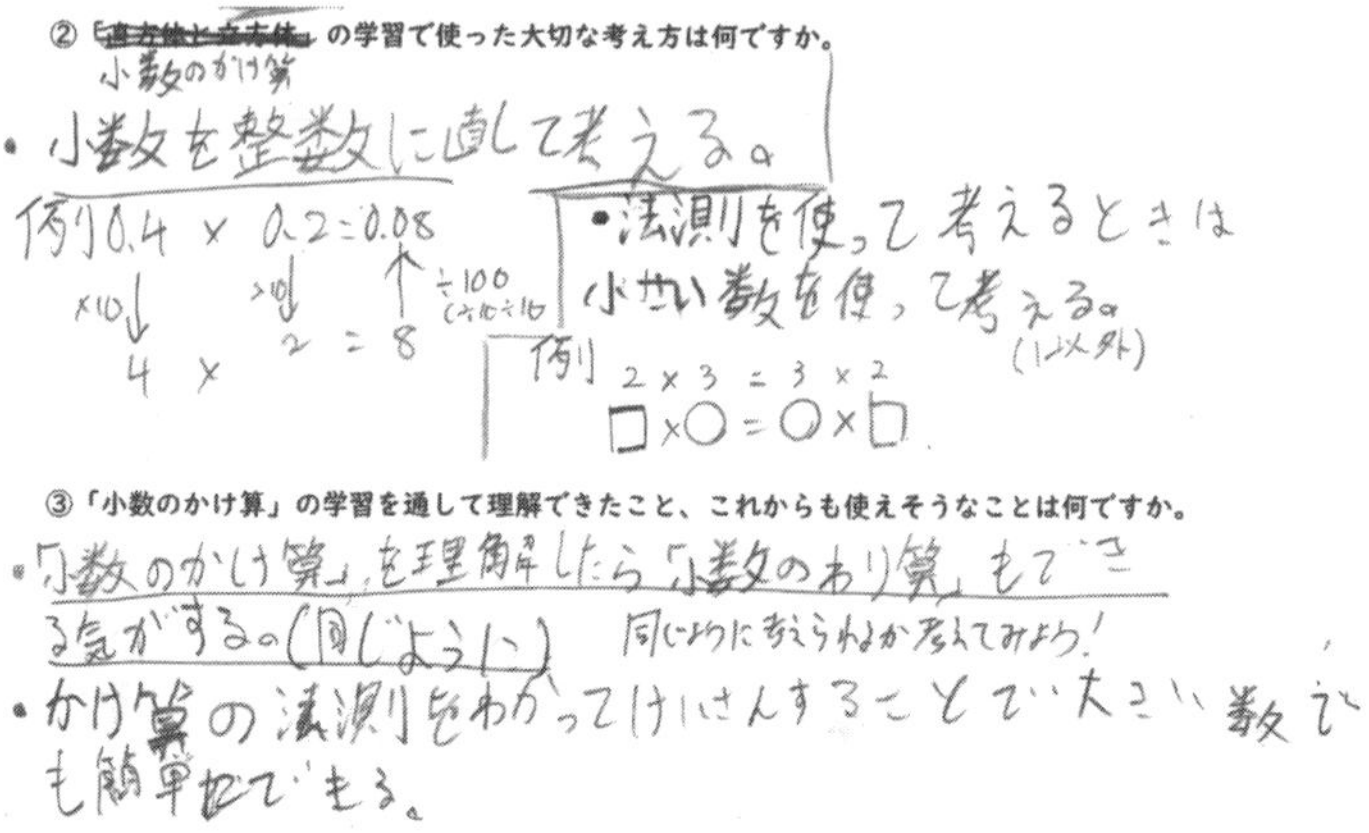
②「直方体と立方体」の学習で使った大切な考え方は何ですか。
小数のかけ算
・小数を整数に直して考える。
例0.4 × 0.2＝0.08
×10 ×10 ÷100
4 × 2 ＝ 8
・法則を使って考えるときは
小さい数を使って考える。
（1以外）
例 2×3＝3×2
□×○＝○×□
③「小数のかけ算」の学習を通して理解できたこと、これからも使えそうなことは何ですか。
・「小数のかけ算」を理解したら「小数のわり算」もできる気がする。（同じように）
同じように考えられるか考えてみよう！
・かけ算の法則をわかってけいさんすることで大きい数でも簡単にできる。

的な見方を働かせたことが子どもの中で印象に残っていました。また、「『小数のわり算』もできる気がする。（同じように）」とも書かれており、「『整数にする』という数学的な見方を働かせれば、小数のわり算も考えることができるのではないか？」と発展的に考える姿が表れており、「整数にする」という数学的な見方を働かせることによって、小数のかけ算・わり算の学習のつながりが意識されていることがわかります。

この子どもに限らず、多くの子どもが「整数にする」という数学的な見方を意識するとともに、「『整数にする』という数学的な見方を働かせれば、小数のわり算も計算ができるのではないか？」という課題意識をもてていました。単元を通して、「整数にする」という数学的な見方を意識的に価値付けてきたので、多くの子どもに共有されたのだと思います。

ここまで小数のかけ算で「整数にする」という数学的な見方を働かせてくると、「小数のわり算の計算の仕方を考えるときに『整数にする』という考え方が使えるのかな?」という課題意識を共有した上で、全員の子どもが小数のわり算の計算の仕方に取り組むことができます。世に言う**「見通しをもつ」**や**「課題の共有」といった時間を短縮することができる**のです。

次頁の黒板の写真は、小数のわり算の計算の仕方を考えた時間の板書です。この時間は、単元の第2時で、第1時では、「1.6ｍの値段が96円のリボンが売っています。このリボン1ｍの値段はいくらでしょうか」という問題を扱って、96÷1.6という立式まで行いました。その上で、「96÷1.6という、小数のわり算の計算の仕方を考える」という学習を第2時で行ったのです。

いくつかの解法が出ていますが、すべての解法の共通点を統合すると、「小数を整数に直す」ということをしていることがわかりました。大事なことは、四角囲みになっている「小数のかけ算の学習使えるかも?」と「×小の（とき）と同じように!!」と書かれているところです。

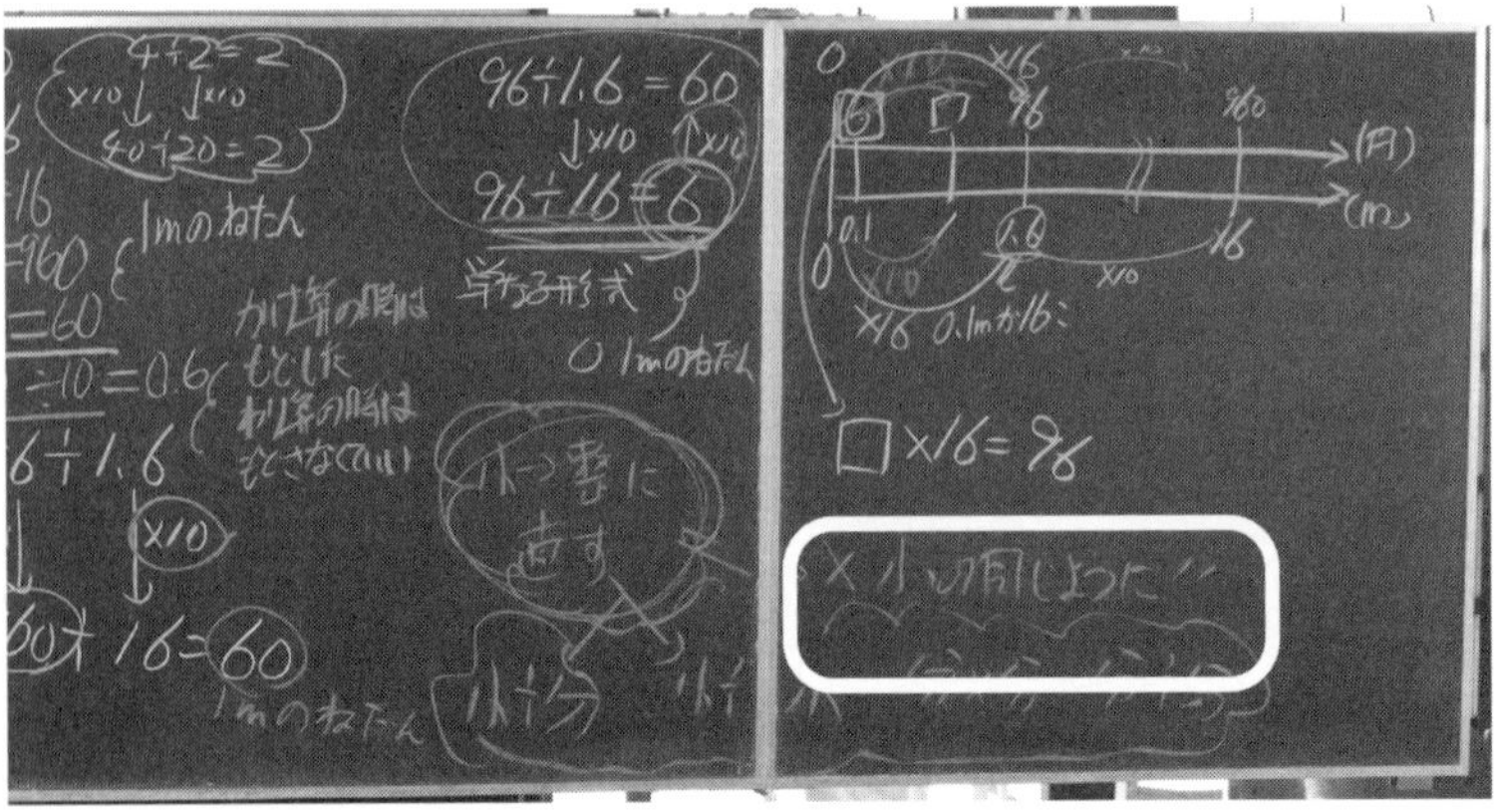

すでに、この授業の導入の時点で、「小数のかけ算で学習したことを使えるのか？」という課題が共有されています。小数のかけ算で学習したこととは、「整数に直す」という数学的な見方です。黒板に残されたいくつかの解法を見ても、「どうやって整数に直したか」という解法ばかりなのがわかると思います。

このように、「これまで働かせてきた数学的な見方が、どこまで働かせられるのか？」と考えることで、「見通しをもつ」や「課題の共有」といった時間を短縮することができます。また、既習との共通点を統合的に考えることや、「だったら、こんなこともできるかもしれない」と発展的に考えるといった数学的な考え方も働かせやすくなり、学習のつながりも意識できるようになります。

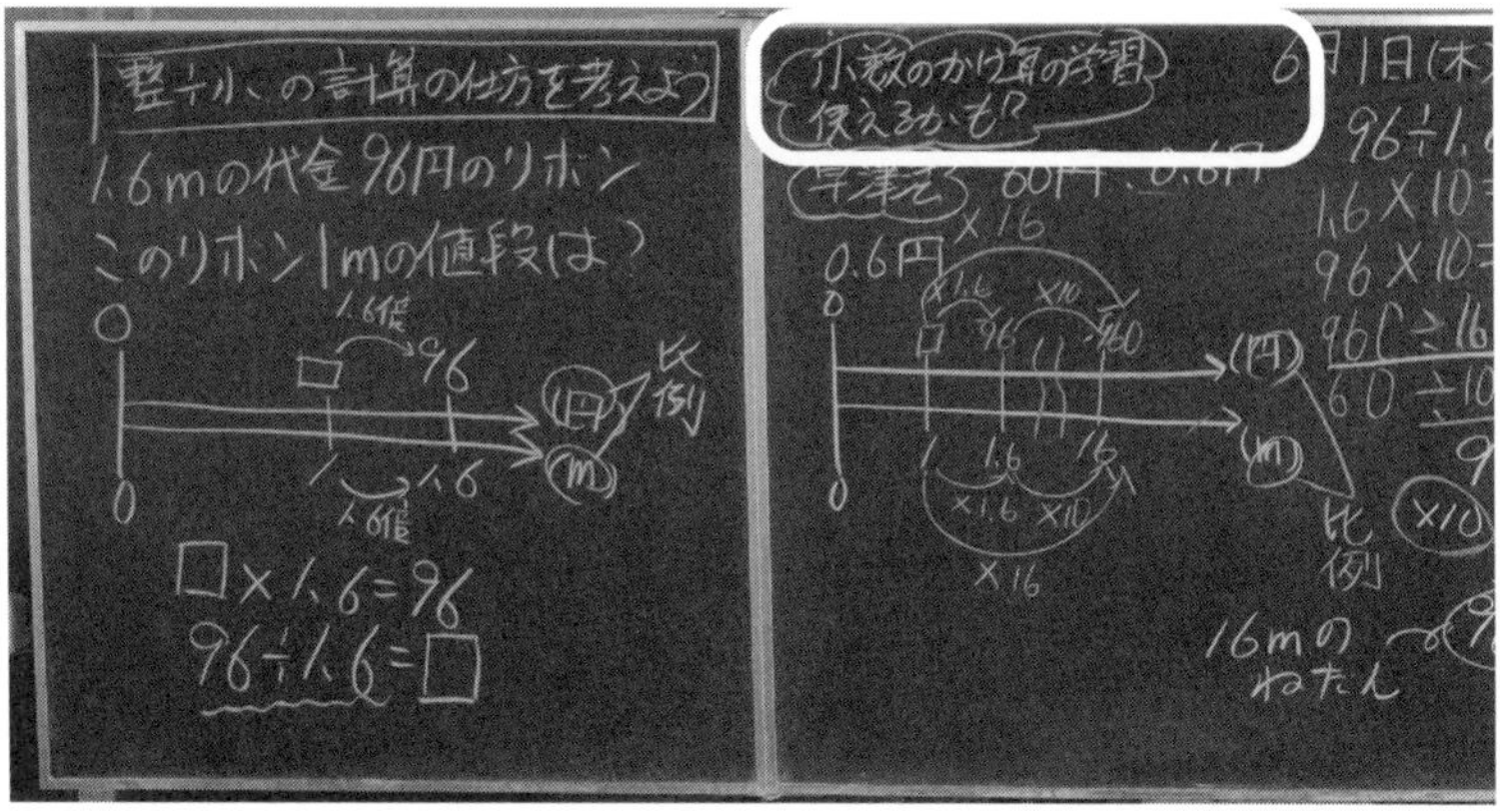

そうなると、次の時間でも、「見通しをもつ」や「課題の共有」といった時間が短縮でき、時間的にも余裕が生まれます。こういった学習が続いていくと、数範囲を広げる程度の内容の学習（÷小数第一位を÷小数第二位にする）であれば、1時間かける必要もなくなっていきますし、2時間分を個別学習にするといったこともできるようになります。

学習内容と学習速度という二つの視点で考える

このように、見方・考え方を働かせると、「前の学習で使ったことが使えるかな？」と考えたり、「同じように考えれば、こんなこともできるかな？」と考えたりすることができるので、自然と学習がつながっていきます。

算数であれば、数学的な見方・考え方を働かせるということですが、数学的な見方・考え方を働かせられるようになると、問題解決に入る前の「見通しをもつ」や「課題の共有」といった時間が短くて済むようになります。また、前時とのつながりを念頭に置きながら学習をすると、統合的に考えることもしやすくなるので、振り返りの時間も短くなります。そもそも、問題解決も一からやっているわけではなく、以前の学習で働かせた数学的な見方を働かせようとしているので、解決時間も短くなっていきます。

これらのことは、私自身が実践していて強く感じています。**数学的な見方が駆動されていて、バラバラだった知識が構造化されていく感じ**です。「やっぱり」とか「また同じだ」

みたいなことに気付きやすくなって、学習のつながりが明確になっていくのです。一時間一時間、新しい問題を解いているのではなく、過去の学習の続きを考えているので、自然と学習速度は上がっていきます。

もちろん、すべての子どもが学習速度を上げられるわけではないです。習熟がたくさん必要な子どももいるので、個別学習や自由進度学習を取り入れながら、様々な子どもに合わせた学習環境を整えていくことは必要です。だからこそ、学習内容を精選することは、なかなか難しいとも感じます。「÷小数第一位と÷小数第二位は『整数にする』と考えれば同じようにできるよね」と言って納得できる子どもの方が多いかもしれませんが、自分でやってみたり、教えてもらったりして理解できる子どももたくさんいます。

「見方・考え方を働かせることで学習内容を精選する」ことも考えながら、「見方・考え方を働かせることで学習速度を上げる」ということも考えることで、**カリキュラム・オーバーロードの問題を、学習内容と学習速度という二つの視点で解決していくことができる**のではないかと考えています。「見方・考え方」を働かせることは、学習内容や時数を減らすだけでなく、子どもが学習のつながりを意識できるということにもつながり、一石二鳥、いや、それ以上の効果があるはずです。

おわりに――「教師冥利」――

卒業生に会い、昔話に花を咲かせる。そんな時間は、何度経験しても心の底から嬉しいし、教師冥利に尽きます。この時間のためにやっているのだと、いつも思います。

でも、そこに至るまでの時間は、決して平坦な道のりではありません。毎日イライラしてばかりで、いつも怒ってばかりです。本当は、いつも仲良く、楽しくやりたいのに、正直になれないものです。ちょっとしたことが気になり、ついカッとしてしまうのです。

きっと、会いに来る子どもたちだって、いい思い出ばかりではなかったはずです。でも、ちょっとだけ私に恩を感じて、挨拶ぐらいしに来てくれるのだと思います。何年やっても、自分がよい先生だと思ったことは一度もないですし、実際、よい先生ではないです。

ただ、そんな私でも、卒業式の日が近づくと、どうしても心がかき乱されます。今まで何度も経験したはずなのに、何度やっても、卒業式が近づいてくるのが嫌なのです。「卒業式なんて来なければいいのにな」といつも思います。

いつも怒ってばかりで、イライラしてばかりだったはずの子どもたちに対して、愛着をもってしまうのです。別れが決まっている関係はとても切ないものです。卒業前に、どんなにバカバカしいことで笑っていても、その笑顔の裏では、別れに向けて覚悟をしなくてはならないのです。


いくら望んでいなくても、卒業式の日はやってきます。礼服を着て、白いネクタイをして、「しっかりと卒業式を全うしよう」と気持ちを切り替えて学校に向かいます。子どもは卒業式の晴れの門出に浮かれています。でも、私の心の中は、祝福の気持ちと、別れの寂しさが、ぐちゃぐちゃに渦巻いています。

卒業式が終わり、いよいよ最後の学活のとき、「今回は泣かない」と、毎回決めてから話すのですが、どうしても泣いてしまいます。普段は怒っているか、くだらないことを言っているかしかないので、泣き顔を見せるのはけっこう恥ずかしいです。大人になって泣くのは、このタイミングだけです。

泣いてしまう主な理由は、別れの寂しさに耐えきれないからですが、自分が子どもたちに対して怒ってしまったり、理不尽なことをしてしまったりしたことへの申し訳なさとか、心の中はごちゃごちゃです。でも、やっぱり「大好きだな」という気持ちが、感情の蓋を開けてしまうのです。

泣いてしまうと、卒業した後に会うのが、とても恥ずかしいので、なんとか泣き顔は見せたくないのですが、一度ぐらい、いつもふざけたおじさんの泣き顔を見せてもいいのかなと自分で言い訳をしています。

担任した子どもが卒業した後、次の子どもたちを担任します。正直に言うと、卒業した子どもたちと、いつも心の中で比べてしまいます。「卒業した子どもたちは、もっとできたのにな」「言わなくても、卒業した子どもたちは、どんどん自分たちでやれたのにな」そんなことを思ってしまうのです。だから、理想と現実の狭間で、新しく担任した子どもにきつく当たってしまうことが多くなります。卒業した子どもたちの影を追ってしまうのです。

一学期の間はずっとそうです。

でも、夏休みに入って、少し余裕ができると、今担任している子どもたちに対して、自分がやっていること、思っていることが、いかに失礼かということを後悔します。そうすると、二学期からは、もっと今担任している子どもたちのよい面を見ようと意識するようになります。それでも、自分の感情がうまくコントロールできないときも多々あります。

そんなことを何年も続けています。

そして、また一年が過ぎます。

いつの間にか「大好き」になってしまった子どもを、また手放すときが来るのです。

教師冥利とは、喜びだけでなく、つらさや寂しさも伴うものです。要するに、人間の感情を思いきり味わうということです。ときには、子どもたちに対する怒りの感情をもつこともあります。そして、それを抑えきれず、思いきり怒ってしまうこともあります。それはよいことではありません。ですから、その日の夜、後悔の念に押しつぶされそうになることもあります。自分の喜怒哀楽の感情を思いきり味わうこと、それこそが教師冥利なのかもしれません。

教師冥利に尽きる。そんな言葉を味わうことを理由に教師を目指すのは、もう古いでしょうか。いや、そんなことはないはずです。教師冥利の意味は、人それぞれです。だから、もっと我々現役の教師が、それぞれが感じる教師冥利を発信していきましょう。それが、教師を志す人を増やすことにもつながると思います。

「給料を上げよう！」「仕事を減らそう！」「教師の立場を守ろう！」など、いろいろと教師の魅力を増加させるための施策を考えることは重要です。それがなければ、教師はつぶれてしまいます。でも、それはハード面です。肝心の教師の魅力が伝わらなければ、どんなにハード面が充実したとしても、教師になりたいと思う人は増えません。

福利厚生や給料の水準が高い職場はいくらでもあります。少なからず、教師と同等の福利厚生や給料が望める仕事はたくさんあります。だから、結局は「教師になりたい！」という気持ちがなければ、教師にはならないでしょう。たくさんの人に、教師にしか味わえない教師冥利を知ってもらいたいと願っています。

生涯にわたって能動的に学び続ける姿を、目の前の子どもに見せることも、教師の魅力をいろいろな人に伝える一つの手段だと思います。少しでも楽しい授業を考えたり、子どもとの会話の中から新しいことを知ったりする姿を、素直に表現するといいのではないでしょうか。「この先生は、いつもいろいろなことにチャレンジしているな」と子どもが思えば、きっと教師の魅力は、子どもだけでなく、いろいろな人に伝わっていくはずです。そんな、生涯にわたって能動的に学び続ける姿を見せられる教師が、一人でも増えることを願って、結びの言葉とさせていただきます。

最後に、本書の企画・編集を担当していただいた、東洋館出版社の畑中潤氏に深く御礼申し上げます。また、テンションの上がる本を作りましょう！

２０２４年３月

加固　希支男

引用・参考文献

第1章

文部科学省（2017a）「小学校学習指導要領（平成 29 年告示）解説総則編」，p.77.

中央教育審議会（2021）「『令和の日本型学校教育』の構築を目指して～全ての子供たちの可能性を引き出す、個別最適な学びと、協働的な学びの実現～（答申）」，pp.17-19.

文部科学省（2017b）「小学校学習指導要領（平成29年告示）解説算数編」，pp.8，22-23，72.

D・H・Schunk，B・J・Zimmerman編・塚野洲一・伊藤崇達監訳（2009）『自己調整学習学習と動機づけ』，北大路書房，pp.232-233.

杉山吉茂（2008）『初等科数学科教育学序説』，東洋館出版社，pp.11-14.

文部科学省（2017c）「小学校学習指導要領（平成29年告示）解説国語編」，p.12.

日本財団（2019）「18歳意識調査『第20回―社会や国に対する意識調査―」要約版，p.5.

合田哲雄（2023）「人生100年時代を生き抜く教育の『２大キーワード』『アンラーン』と『デマンドサイド』の重要性」，東洋経済ONLINE.

第2章

文部科学省（2008）「小学校学習指導要領解説算数編」，p.20.

文部科学省（2017）「小学校学習指導要領（平成29年告示）解説算数編」，pp.21-22.

中央教育審議会（2021）「『令和の日本型学校教育』の構築を目指して～全ての子供たちの可能性を引き出す、個別最適な学びと、協働的な学びの実現～（答申）」，pp.17-19.

奈須正裕（2023）「第24回子供のための授業づくり　時空を超えた学びへの挑戦」，内外教育2023年３月24月付第7067号，p.7，時事通信社.

笠井健一（2023）清水美憲・池田敏和・齊藤一弥編著『これからの算数科教育はどうあるべきか』，東洋館出版社，pp.153-156.

第3章

文部科学省（2017a）「小学校学習指導要領（平成29年告示）」，p.19.

文部科学省（2017b）「小学校学習指導要領（平成29年告示）解説算数編」，pp.68，257.

文部科学省（2017c）「小学校学習指導要領（平成29年告示）解説総合的な学習の時間編」，pp.9，11.

第4章

白井俊（2021）奈須正裕編著『少ない時数で「豊かに学ぶ」授業の作り方　脱「カリキュラム・オーバーロード」への処方箋』，pp.2，12-15，ぎょうせい.

清水美憲（2023）清水美憲・池田敏和・齊藤一弥編著『これからの算数科教育はどうあるべきか』，東洋館出版社，p.26.

文部科学省（2017）「小学校学習指導要領（平成29年告示）解説算数編」，p.240.

加固希支男（かこ きしお）

1978年東京都生まれ。東京学芸大学附属小金井小学校教諭。立教大学経済学部経済学科を卒業し、2007年まで一般企業での勤務を経験した後、明星大学通信教育部にて小学校教諭免許を取得。2008年に杉並区立堀之内小学校教諭、墨田区立第一寺島小学校教諭を経て、2013年より現職。2012年７月に、自身が所属する志の算数教育研究会（志算研）の共同研究が「第61回読売教育賞最優秀賞」（算数・数学教育）を受賞。2022年に日本数学教育学会学会賞（実践研究部門）を受賞。日本数学教育学会算数教育編集部幹事。

主な著書に、『発想の源を問う』『なぜ算数の授業で子どもが笑うのか』（単著・東洋館出版社）、『算数教材研究 四則計算』『算数教材研究 割合』『10の視点で授業が変わる！ 算数教科書アレンジ事例30』『11の視点で授業が変わる！ 算数教科書アレンジ事例40』（共著・東洋館出版社）、『小学校算数「個別最適な学び」と「協働的な学び」の一体的な充実』『「個別最適な学び」を実現する算数授業のつくり方』『学級経営OVER35 ポスト若手時代を逞しく生き抜くための心得』（単著・明治図書）、『数学的な見方・考え方を働かせる算数授業』（共著・明治図書）等がある。

「生涯にわたって能動的に学び続ける力」を養う教科教育への挑戦

2024（令和6）年 3月15日　初版第1刷発行
2024（令和6）年10月30日　初版第2刷発行

著　者：加固希支男
発行者：錦織圭之介
発行所：株式会社 東洋館出版社
〒101-0054　東京都千代田区神田錦町2丁目9番1号
コンフォール安田ビル2階
（代　表）電話 03-6778-4343　FAX 03-5281-8091
（営業部）電話 03-6778-7278　FAX 03-5281-8092
振　替　00180-7-96823
U R L　https://www.toyokan.co.jp

装　丁：小口翔平＋畑中茜（tobufune）
組　版：株式会社明昌堂
印刷・製本：株式会社シナノ

ISBN978-4-491-05088-1／Printed in Japan